SUPER
J-Book Series

科目別 過去問題集

2024高卒認定
スーパー実戦過去問題集
科学と人間生活

編集 ● J-出版編集部   制作 ● J-Web School

最新過去問題
&詳細解説
6回分
2021~2023年

J-出版

もくじ

高卒認定情報ほか

問題／解答・解説

1. 高等学校卒業程度認定試験とは

　高等学校卒業程度認定試験（高卒認定試験）は、高等学校を卒業していないなどのため、大学等の受験資格がない方に対し、高等学校卒業者と同等以上の学力があるかどうかを認定する試験です。合格者には大学・短大・専門学校や看護学校などの受験資格が与えられるだけでなく、高等学校卒業者と同等以上の学力がある者として認定され、就職、転職、資格試験等に広く活用することができます。ただし、試験で合格要件を満たした者が満18歳に達していないときには、18歳の誕生日から合格者となります。

2. 受験資格

　受験年度末の3月31日までに満16歳以上になる方。現在、高等学校等に在籍されている方も受験が可能です。ただし、すでに大学入学資格を持っている方は受験できません。

3. 実施日程

　試験は8月と11月の年2回実施されます。8月試験と11月試験の受験案内（願書）配布開始日、出願期間、試験日、結果通知送付日は以下のとおりです（令和6年度の実施日程を基に作成しています。最新の実施日程については文部科学省のホームページを確認してください）。

	第1回（8月試験）	第2回（11月試験）
配布開始日	4月1日(月)〜	7月16日(火)〜
出願期間	4月1日(月)〜5月7日(火)	7月16日(火)〜9月6日(金)
試験日	8月1日(木)・2日(金)	11月2日(土)・3日(日)
結果通知送付日	8月27日(火)発送	12月3日(火)発送

4. 試験科目と合格要件

　試験の合格者となるためには、合格要件に沿って8科目もしくは9科目の試験科目に合格することが必要です（「理科」の選択科目によって科目数が異なります）。

教科	試験科目	科目数	合格要件
国語	国語	1	必修
地理歴史	地理	1	必修
	歴史	1	必修
公民	公共	1	必修
数学	数学	1	必修
理科	科学と人間生活	2 または 3	以下の①、②のいずれかが必修 ①「科学と人間生活」の1科目と「物理基礎」、「化学基礎」、「生物基礎」、「地学基礎」のうち1科目（合計2科目） ②「物理基礎」、「化学基礎」、「生物基礎」、「地学基礎」のうち3科目（合計3科目）
	物理基礎		
	化学基礎		
	生物基礎		
	地学基礎		
外国語	英語	1	必修

5. 試験科目の出題範囲

試験科目	出題範囲（対応する教科書名）	
国語	「現代の国語」「言語文化」	
地理	「地理総合」	
歴史	「歴史総合」	
公共	「公共」	
数学	「数学Ⅰ」	
科学と人間生活	「科学と人間生活」	令和4年4月以降の高等学校入学者が使用している教科書
物理基礎	「物理基礎」	
化学基礎	「化学基礎」	
生物基礎	「生物基礎」	
地学基礎	「地学基礎」	
英語	「英語コミュニケーションⅠ」	

出願から合格まで

1. 受験案内（願書）の入手

　受験案内（願書）は、文部科学省や各都道府県教育委員会、各都道府県の配布場所などで配布されます。ただし、配布期間は年度毎に異なりますので、文部科学省のホームページなどで事前に確認してください。なお、直接取りに行くことができない方はパソコンやスマートフォンで受験案内（願書）を請求することが可能です。

〈パソコンもしくはスマートフォンで請求する場合〉
　　次のURLにアクセスし、画面の案内に従って申し込んでください。　　https://telemail.jp/shingaku/pc/gakkou/kousotsu/
○受験案内（願書）は、配布開始時期のおよそ1か月前から出願締切のおよそ1週間前まで請求できます。
○請求後、受験案内（願書）は発送日から通常3〜5日程度で届きます。ただし、配布開始日以前に請求した場合は予約扱いとなり、配布開始日に発送されます。
○受験案内（願書）に同封されている支払方法に従って送料を払います。
○不明な点はテレメールカスタマーセンター（TEL：050-8601-0102　受付時間：9:30〜18:00）までお問い合わせください。

2. 出願書類の準備

　受験案内（願書）を入手したら、出願に必要な次の書類を用意します（令和5年度の受験案内を基に作成しています。内容が変更になる場合もあるため、最新の受験案内を必ず確認してください）。

①受験願書・履歴書
②受験料（収入印紙）
③写真2枚（縦4cm×横3cm）　※同じ写真を2枚用意
④住民票または戸籍抄本
⑤科目合格通知書　※一部科目合格者のみ
⑥試験科目の免除に必要な書類（単位修得証明書、技能審査の合格証明書）　※試験科目の免除を申請する者のみ
⑦氏名、本籍の変更の経緯がわかる公的書類（戸籍抄本等）　※必要な者のみ
⑧個人情報の提供にかかる同意書　※該当者のみ
⑨特別措置申請書および医師の診断・意見書　※必要な者のみ
⑩出願用の封筒

①受験願書・履歴書

受験願書・履歴書の用紙は受験案内に添付されています。

②受験料（収入印紙）

受験科目が 7 科目以上の場合は 8,500 円、4 科目以上 6 科目以下の場合は 6,500 円、3 科目以下の場合は 4,500 円です。受験料分の金額の日本政府発行の収入印紙（都道府県発行の収入証紙等は不可）を郵便局等で購入し、受験願書の所定欄に貼り付けてください。

③写真 2 枚（縦 4 cm× 横 3 cm）

出願前 6 か月以内に撮影した、無帽・背景無地・正面上半身の写真を 2 枚（同一のもの）用意し、裏面に受験地と氏名を記入して受験願書の所定欄に貼り付けてください。写真は白黒・カラーいずれも可です。

④住民票または戸籍抄本（原本）

出願前 6 か月以内に交付され、かつ「本籍地（外国籍の方は国籍等）」が記載されたものを用意してください。マイナンバーの記載は不要です。海外在住の外国籍の方で提出が困難な場合は、必ず事前に文部科学省総合教育政策局生涯学習推進課認定試験第二係まで問い合わせてください。　TEL：03-5253-4111（代表）（内線 2590・2591）

⑤科目合格通知書（原本）

過去に高等学校卒業程度認定試験または大学入学資格検定において、一部科目に合格している方は提出してください。なお、紛失した場合は受験案内にある「科目合格通知書再交付願」で出願前に再交付を受けてください。結婚等により、科目合格通知書に記載された氏名または本籍に変更がある場合は、「⑦氏名、本籍の変更の経緯がわかる公的書類（戸籍抄本等）」をあわせて提出してください。

⑥試験科目の免除に必要な書類（単位修得証明書、技能審査の合格証明書）（原本）

試験科目の免除を申請する方は受験案内を確認し、必要書類を提出してください。なお、「単位修得証明書」が発行元で厳封されていない場合は受理されません。結婚等により、試験科目の免除に必要な書類の氏名に変更がある場合は、「⑦氏名、本籍の変更の経緯がわかる公的書類（戸籍抄本等）」をあわせて提出してください。

⑦氏名、本籍の変更の経緯がわかる公的書類（戸籍抄本等）（原本）

結婚等により、「⑤科目合格通知書」や「⑥試験科目の免除に必要な書類」に記載された氏名または本籍が変更となっている場合に提出してください。

⑧個人情報の提供にかかる同意書

外国籍の方で、過去に高等学校卒業程度認定試験または大学入学資格検定で合格した科目があり、「⑤科目合格通知書」の氏名（本名）または国籍に変更がある場合は、受験案内を確認して提出してください。

⑨特別措置申請書および医師の診断・意見書

身体上の障がい等により、受験の際に特別措置を希望する方は、受験案内を確認し、必要書類を提出してください。

⑩出願用の封筒

出願用の封筒は受験案内に添付されています。封筒の裏面に氏名、住所、電話番号、受験地を明記し、「出願書類確認欄」を用いて必要書類が揃っているかを再度チェックし、不備がなければ郵便局の窓口で「簡易書留扱い」にして文部科学省宛に送付してください。

3 . 受験票

受験票等（受験科目決定通知書、試験会場案内図および注意事項を含む）は文部科学省から受験願書に記入された住所に届きます。受験案内に記載されている期日を過ぎても到達しない場合や記載内容に誤りがある場合は、文部科学省総合教育政策局生涯学習推進課認定試験第二係に連絡してください。　TEL：03-5253-4111（代表）①試験実施に関すること（内線 2024・2643）②証明書に関すること（内線 2590・2591）

4 . 合格発表・結果通知

試験の結果に応じて、文部科学省から次のいずれかの書類が届きます。全科目合格者には「**合格証書**」、一部科目合格者には「**科目合格通知書**」、その他の者には「**受験結果通知**」が届きます。「**合格証書**」が届いた方は、大学入学資格（高等学校卒業程度認定資格）が与えられます。ただし、試験で合格要件を満たした方が満 18 歳に達していないときには、18 歳の誕生日から合格者となります。そのため、大学入学共通テスト、大学の入学試験等については、原則として満 18 歳になる年度から受験が可能となります。大学入学共通テストについては、独立行政法人大学入試センター　事業第一課（TEL：03-3465-8600）にお問い合わせください。「**科目合格通知書**」が届いた方は、高等学校卒業程度認定試験において 1 科目以上の科目を合格した証明になりますので、次回の受験まで大切に保管するようにしてください。なお、一部科目合格者の方は「**科目履修制度**」を利用して、合格に必要な残りの科目について単位を修得することによって、高等学校卒業程度認定試験合格者となることができます（「**科目履修制度**」については次のページもあわせて参照してください）。

科目履修制度 （未合格科目を免除科目とする）

1. 科目履修制度とは

　科目履修制度とは、通信制などの高等学校の科目履修生として未合格科目（合格に必要な残りの科目）を履修し、レポートの提出とスクーリングの出席、単位認定試験の受験をすることで履修科目の単位を修得する制度となります。この制度を利用して単位を修得した科目は、免除科目として文部科学省に申請することができます。高等学校卒業程度認定試験（高卒認定試験）の合格科目と科目履修による単位修得を合わせることにより、高等学校卒業程度認定試験の合格者となることができるのです。

2. 科目履修の学習内容

　レポートの提出と指定会場にて指定回数のスクーリングに出席し、単位認定試験で一定以上の点数をとる必要があります。

3. 科目履修制度の利用

❶ すでに高卒認定試験で合格した一部科目と科目履修を合わせることにより高卒認定試験合格者となる。

| 高卒認定試験 既合格科目 | ＋ | 科目履修 （残り科目を履修） | ＝ | 合わせて 8科目以上 | 高卒認定試験 合格 |

※最低1科目の既合格科目または合格見込科目が必要

　①苦手科目がどうしても合格できない方　　②合格見込成績証明書を入手し、受験手続をしたい方
　③残り科目を確実な方法で合格したい方　　④大学・短大・専門学校への進路が決まっている方

❷ 苦手科目等を先に科目履修で免除科目にして、残りの得意科目は高卒認定試験で合格することで高卒認定試験合格者となる。

| 科目履修 （苦手科目等を履修） | ＋ | 高卒認定試験 科目受験 | ＝ | 合わせて 8科目以上 | 高卒認定試験 合格 |

※最低1科目の既合格科目または合格見込科目が必要

　①得意科目だけで高卒認定試験の受験に臨みたい方　　②できるだけ受験科目数を減らしたい方
　③どうしても試験で合格する自信のない科目がある方　　④確実な方法で高卒認定試験の合格を目指したい方

4. 免除を受けることができる試験科目と免除に必要な修得単位数

免除が受けられる試験科目	高等学校の科目	免除に必要な修得単位数
国語	「現代の国語」	2
	「言語文化」	2
地理	「地理総合」	2
歴史	「歴史総合」	2
公共	「公共」	2
数学	「数学Ⅰ」	3
科学と人間生活	「科学と人間生活」	2
物理基礎	「物理基礎」	2
化学基礎	「化学基礎」	2
生物基礎	「生物基礎」	2
地学基礎	「地学基礎」	2
英語	「英語コミュニケーションⅠ」	3

（注）上記に記載されている免除に必要な修得単位数はあくまで標準的修得単位数であり、学校によっては科目毎の設定単位数が異なる場合があります。

■科目履修制度についてより詳しく知りたい方は、J-出版編集部にお問い合わせください。
　TEL：03-5800-0552
　Mail：info@j-publish.net

1. 出題傾向

　過去 3 年間の 8 月試験および 11 月試験の出題傾向は以下のとおりです。科学と人間生活の場合、同じ年度においては 8 月試験と 11 月試験で同じような範囲からの出題が多く見られます。どの項目を確実に押さえなければならないかを確認してください。

	令和3年度第1回	令和3年度第2回	令和4年度第1回	令和4年度第2回	令和5年度第1回	令和5年度第2回	配点
大問1・大問2　光や熱の科学							大問1と大問2のいずれかを選択する。配点はそれぞれ25点(5点×5)。
光の性質	●	●	●	●	●	●	
光の進み方	●	●	●	●	●	●	
日常生活での電磁波の利用	●	●	●		●	●	
熱とその性質	●	●	●	●			
エネルギーの変換と保存		●	●	●			
エネルギーの有効利用					●		
大問3・大問4　物質の科学							大問3と大問4のいずれかを選択する。配点はそれぞれ25点(5点×5)。
プラスチックの種類と性質		●	●				
金属の種類と性質	●			●	●	●	
金属の製法	●				●	●	
天然繊維の性質とその用途			●				
合成繊維の性質とその用途			●	●			
食品中の主な成分とその性質	●			●		●	
大問5・大問6　生命の科学							大問5と大問6のいずれかを選択する。配点はそれぞれ25点(5点×5)。
植物の生育と光	●		●			●	
動物の行動と光	●						
ヒトの視覚と光		●		●	●		
さまざまな微生物の存在						●	
微生物の生態系でのはたらき							
微生物と人間生活とのかかわり	●			●			
大問7・大問8　宇宙や地球の科学							大問7と大問8のいずれかを選択する。配点はそれぞれ25点(5点×5)。
身近な天体	●	●	●	●	●	●	
太陽の動きと太陽暦			●	●		●	
太陽系における地球						●	
身近な自然景観の成り立ち		●	●				
身近な自然景観の変化	●	●	●		●	●	
自然災害							

(注)●は大問において主にその分野から出題されていることを示しており、ほかの分野からの出題がまったくないわけではありません。

2. 出題内容と対策

1 および 2 光や熱の科学

　主に物理に関連する内容です。光や波に関する内容と熱やエネルギーに関する内容が大問で分かれていて選択問題になっているので、あらかじめどちらかの内容に絞って勉強するほうが効率的です。一部、計算問題も出題されるので公式をきちんと覚え、図版の見方などをしっかり理解するように学習しましょう。

3 および 4 物質の科学

　主に化学に関連する内容です。プラスチックや金属に関する内容と繊維や栄養素に関する内容が大問で分かれていて選択問題になっているので、あらかじめどちらかの内容に絞って勉強するほうが効率的です。一部、計算問題も出題されるので公式や単位などをきちんと覚え、図版なども参考にして学習しましょう。

5 および 6 生命の科学

　主に生物に関連する内容です。ヒトの眼や植物・動物が光に対してどのように反応するかといった内容と微生物の種類とはたらきに関する内容が大問で分かれていて選択問題になっているので、あらかじめどちらかの内容に絞って勉強するほうが効率的です。ヒトの眼の構造など図版などでしっかり見ておくようにしましょう。

7 および 8 宇宙や地球の科学

　主に地学に関連する内容です。天体に関する内容と地質や自然災害に関する内容が大問で分かれていて選択問題になっているので、あらかじめどちらかの内容に絞って勉強するほうが効率的です。天体については月や太陽などの身近な天体、地質についてはプレートの移動や地震などを中心に学習を進めてください。

令和5年度 第2回
高卒認定試験

科学と人間生活

解答時間　50分

1【選択問題】　1 ・ 2 のどちらか1題，　3 ・ 4 のどちらか1題，　5 ・ 6

のどちらか1題，　7 ・ 8 のどちらか1題の計4題を選んで，解
答する問題番号を記入及びマークした上で，解答すること。5題以
上にわたり解答した場合は採点できないので注意すること。

1 ・ 2 の解答番号は　1　から　5

3 ・ 4 の解答番号は　6　から　10

5 ・ 6 の解答番号は　11　から　15

7 ・ 8 の解答番号は　16　から　20

科 学 と 人 間 生 活

$$\left(\text{解答番号}\ \boxed{1}\ \sim\ \boxed{20}\ \right)$$

【選択問題】（ $\boxed{1}$ ・ $\boxed{2}$ のどちらか1題を選び解答する）

$\boxed{1}$ 光の性質について，問1〜問5に答えよ。

　太陽光や白熱電球の光などの自然光は，様々な方向に振動する光の集まりである。この光を，偏光板とよばれる板にあてると，ある方向に振動する光だけが通過する。この原理を確認するために，2枚の円形の偏光板A，Bを用いて，図1(a)のように実験を行った。AとBを回転させたところ，ロウソクの光が最も明るく見える場合（図1(b)）と，最も暗く見える場合（図1(c)）が観察された。

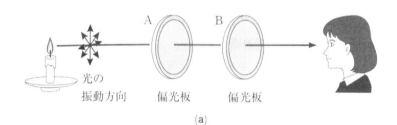

(a)

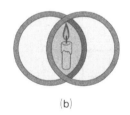

(b)

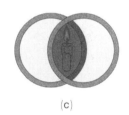

(c)

図 1

問1　2枚の偏光板を通してロウソクの光を見たとき，光が最も暗く見える場合はどれか。適切なものを，次の①～④のうちから一つ選べ。ただし，偏光板に描かれた平行線の方向と，同じ方向に振動する光が通り抜けるものとする。解答番号は　1　。

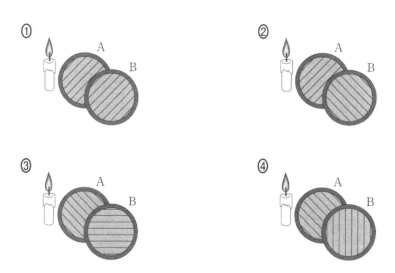

問2　偏光板について説明した文として**適切でないもの**を，次の①～④のうちから一つ選べ。解答番号は　2　。

①　ガラス面や水面で反射した太陽光を遮ることができる。

②　2枚の偏光板に透明なプラスチック板をはさんで光にかざすと，プラスチック板のひずみを観察することができる。

③　電卓やパソコンのモニターなどの液晶画面を，偏光板を通して回しながら観察すると，画面が見えなくなる角度がある。

④　太陽光を偏光板に通すと，様々な光の色の帯を観察することができる。

問3 図2は実験室を真上から見たものである。図2のように鏡を置き，位置Ⅰ～Ⅲで観測者が，ついたてに隠れた豆電球を見ることができるか実験を行った。鏡に映った豆電球を見ることができる観測者の位置として正しいものを，下の①～④のうちから一つ選べ。解答番号は　3　。

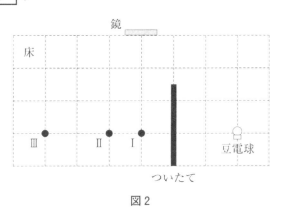

図2

① 位置Ⅰ

② 位置Ⅱ

③ 位置Ⅲ

④ Ⅰ～Ⅲの全ての位置

問4 自分の全身を見ることができる鏡の寸法を考える。鏡は床に垂直に置き，人は直立して鏡を見るものとする。全身を見るために最低限必要な鏡の大きさとして最も適切なものを，次の①～④のうちから一つ選べ。解答番号は　4　。

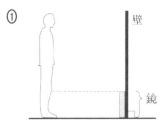

身長の1/4の大きさ

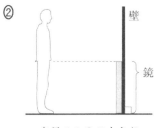

身長の1/2の大きさ

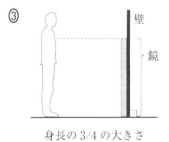

身長の3/4の大きさ

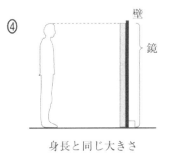

身長と同じ大きさ

問5 表は電磁波の種類とその利用を表したものである。表の ア ～ ウ に入る語句の組合せとして正しいものを、下の①～④のうちから一つ選べ。解答番号は 5 。

表

電磁波の種類	電磁波の利用
ア	遠方まで届く性質があるため、ラジオ放送やテレビ放送、携帯電話やGPS(全地球測位システム)などに利用されている。
イ	殺菌灯で用いられているほか、蛍光物質に当てると発光する性質があるため、紙幣の偽造防止などに利用されている。
赤外線	高い温度の物体から強く放射される性質があるため、離れた物体の温度を観測するための ウ などに利用されている。

	ア	イ	ウ
①	電 波	紫外線	サーモグラフィ
②	紫外線	電 波	サーモグラフィ
③	電 波	紫外線	X線写真
④	紫外線	電 波	X線写真

【選択問題】(1 ・ 2 のどちらか1題を選び解答する)

2 熱の性質とエネルギーについて，問1～問5に答えよ。

　図1のように，質量と大きさが等しい2種類のボールAとボールBを，同じ高さから落下させて床で跳ね返らせると，ボールAはよく弾み，ボールBはほとんど弾まなかった。ただし，空気抵抗の影響はないものとする。

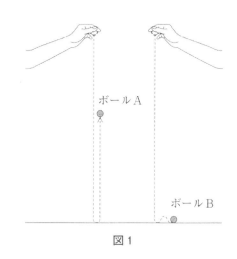

ボールA

ボールB

図1

問1　次の文中の ア ， イ に入る語句の組合せとして正しいものを，下の①～④のうちから一つ選べ。解答番号は 1 。

　高い位置から落下する物体は，重力によって仕事をされるので，しだいに速くなる。それと同時に，物体の高さは低くなっていく。このとき， ア は増加し， イ は減少する。

	ア	イ
①	物体の運動エネルギー	物体の重力による位置エネルギー
②	物体の重力による位置エネルギー	物体の運動エネルギー
③	力学的エネルギー	物体の重力による位置エネルギー
④	力学的エネルギー	物体の運動エネルギー

問2 ボールAは，床で跳ね返って上昇したが，はじめに落下させた高さに戻ることなく，再び落下し始めた。ボールAが床と衝突する直前と直後におけるエネルギーの変化について述べた文として最も適切なものを，次の①〜④のうちから一つ選べ。解答番号は 2 。

① 力学的エネルギーは変化しない。

② 力学的エネルギーは増える。

③ 力学的エネルギーの全部が他の形態のエネルギーになる。

④ 力学的エネルギーの一部は他の形態のエネルギーになる。

図1で落下させた2種類のボールを図2のように木材に固定し，それぞれをハンマーでたたく実験を行ったところ，ボールAはハンマーの跳ね返りが大きく，ボールBはハンマーの跳ね返りが小さかった。

それぞれのボールをハンマーで50回ずつたたいたとき，ボールAの温度はほとんど変化しなかったがボールBの温度はたたき始める前より高くなった。ただし，ボールAとボールBの比熱（比熱容量）は等しいものとする。

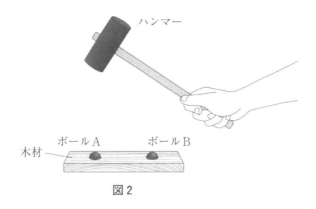

図2

問3 ボールAとボールBがハンマーのする仕事から得た熱の量の大小関係について適切なものを，次の①〜④のうちから一つ選べ。解答番号は 3 。

① ボールAがハンマーの仕事から得た熱の量 ＞ ボールBがハンマーの仕事から得た熱の量

② ボールAがハンマーの仕事から得た熱の量 ＜ ボールBがハンマーの仕事から得た熱の量

③ ボールAがハンマーの仕事から得た熱の量 ＝ ボールBがハンマーの仕事から得た熱の量

④ ボールAとボールBがハンマーの仕事から得た熱の量の大小関係はわからない

問4 次の文中の　ウ　，　エ　に入る語句の組合せとして正しいものを，下の①～④のうちから一つ選べ。解答番号は　4　。

物体から物体へ熱が移動すると，物体の温度は上がったり下がったりする。また，物体に仕事をしたりされたりすることで，熱の移動と同様に物体の温度を上げたり下げたりすることができる。イギリスの科学者ジュールは，力学的エネルギーと熱エネルギーとの関係を実験で確かめ，物体にする仕事の量と物体が得る　ウ　が比例することを明らかにした。現在では，　エ　の水の温度を1K上昇させるのに必要な　ウ　に相当する仕事の量は，約4.2Jであることがわかっている。

	ウ	エ
①	熱容量	1 g
②	熱容量	100 g
③	熱量	1 g
④	熱量	100 g

問5 図3は，様々な形態のエネルギーが互いに変換する例をまとめたものである。　オ　～　キ　にあてはまるエネルギーの形態の組合せとして正しいものを，下の①～④のうちから一つ選べ。解答番号は　5　。

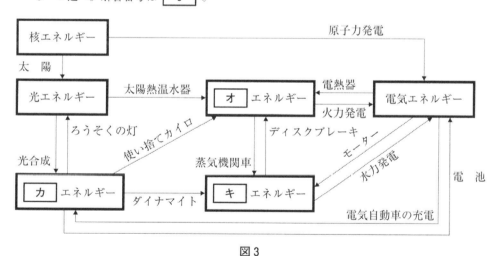

図3

	オ	カ	キ
①	化学	熱	力学的
②	力学的	熱	化学
③	熱	化学	力学的
④	熱	力学的	化学

【選択問題】（ 3 ・ 4 のどちらか1題を選び解答する）

3 金属について，問1〜問5に答えよ。

問1 すべての金属に共通する性質として適切なものを，次の①〜④のうちから一つ選べ。
解答番号は 6 。

① 熱をよく伝える。

② 常温で固体である。

③ 塩酸に溶ける。

④ 磁石につく。

問2 合金について説明する文として**適切でないもの**を，次の①〜④のうちから一つ選べ。
解答番号は 7 。

① 銅の合金である青銅(せいどう)にはスズ(Sn)が含まれており，美術品などに使われている。

② 銅(Cu)と亜鉛(Zn)との合金は黄銅(おうどう)と呼ばれ，装飾品や楽器などに使われている。

③ アルミニウム(Al)と銅(Cu)とマグネシウム(Mg)とマンガン(Mn)の合金は，ジュラルミンと呼ばれ，とても重厚で丈夫なので，電車のレールなどに用いられる。

④ 鉄の合金であるステンレス鋼(こう)は，鉄(Fe)にクロム(Cr)とニッケル(Ni)を加えたもので，表面にできる酸化被膜が内部を強く保護する。

問3 鉄は，図1のような溶鉱炉(ようこうろ)を用いて製錬(せいれん)を行う。鉄の製錬について説明する文として**適切でないもの**を，下の①〜④のうちから一つ選べ。解答番号は 8 。

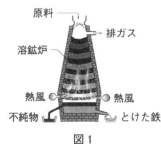

図1

① 溶鉱炉には鉄鉱石とコークスと石灰石を入れる。

② 高温のコークスから生じる二酸化炭素が鉄鉱石から酸素を奪う。

③ まず溶鉱炉から取り出されるのは銑鉄(せんてつ)で，この銑鉄は炭素を多く含み，硬くてもろい。

④ 銑鉄を転炉に入れ，酸素を吹き込んで炭素を燃焼させると，炭素の含有量が減り，硬くて弾性のある鋼(こう)になる。

問4 銅の製錬について説明する文として適切なものを，次の①～④のうちから一つ選べ。
解答番号は | 9 | 。

① 黄銅鉱を溶鉱炉で製錬して粗銅をつくる。

② 粗銅を溶融塩電解で純銅にしている。

③ 電解精錬において，水溶液中に溶け出した銅イオンは陽極で析出し，純銅となる。

④ 粗銅中に含まれる金や銀などの不純物の金属は，陰極の下に沈殿する。

問5 アルミニウムは，図2のような装置を用いて製錬を行う。アルミニウムの製錬について説明する文として適切なものを，下の①～④のうちから一つ選べ。解答番号は | 10 | 。

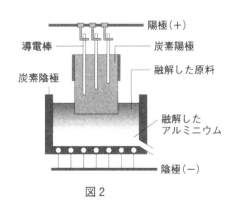

図2

① アルミニウムは，工業的にはスラグと呼ばれる鉱石から製造される。このスラグを精製して鉄などの不純物を除くことで，純粋なアルミナが得られる。

② アルミナを高温で融解して電気分解によりアルミニウムは取り出される。アルミナを融解する際には，融点を下げるために石灰石を加える。

③ アルミニウムの純度を高めるためには，アルミニウムイオンが含まれる水溶液を電気分解する電解精錬を行う。

④ アルミニウムは，「電気の缶詰」といわれているほど，製造に多くの電気エネルギーを必要とする。

【選択問題】（ ③ ・ ④ のどちらか１題を選び解答する）

④ 栄養素について，問１〜問５に答えよ。

栄養素の性質を学ぼう

目的　食品に含まれる栄養素の性質の理解を深める。

手順　(1)　試験管Ａ〜Ｄにデンプン溶液を用意する。
　　　　　　　　(a)
　　　(2)　試験管Ｂ，Ｄにアミラーゼを加え，試験管Ａ，Ｂは冷水に浸し，試験管Ｃ，Ｄは
　　　　　　　　　(b)
　　　　　35℃の温水に浸し，20分放置する。

　　　(3)　試験管Ｅ，Ｆに，卵白を水に溶かした溶液を用意する。

試験管	A	B	C
行った操作	デンプン溶液を冷水に浸し，20分放置した。	デンプン溶液にアミラーゼを加え，冷水に浸し，20分放置した。	デンプン溶液を温水に浸し，20分放置した。
試験管	D	E	F
行った操作	デンプン溶液にアミラーゼを加え，温水に浸し，20分放置した。	卵白を水に溶かした溶液を用意した。	卵白を水に溶かした溶液を用意した。

　　　(4)　試験管Ａ〜Ｄにヨウ素液を加える。

　　　(5)　試験管Ｅに沸騰石を加え，ガスバーナーで沸騰するまで加熱したあと，放冷する。

　　　(6)　試験管Ｆに水酸化ナトリウム水溶液と硫酸銅(Ⅱ)水溶液を加える。

結果　以下に(4)〜(6)の操作を行った結果を記入する。

試験管	A	B	C	D	E	F
結果	青紫色に変色した。	青紫色に変色した。	青紫色に変色した。	ヨウ素液の色が残った。	白い濁りが生じた。	赤紫色に変色した。

図

問１　図は栄養素に関する実験プリントである。図中の下線部デンプンに関する記述として**適切**
　　　　　　　　　　　　　　　　　　　　　　　　　　　　　　　　　　　　　　(a)
　　でないものを，次の①〜④のうちから一つ選べ。解答番号は　6　。

　①　ジャガイモなどに含まれ，炭水化物の一種である。

　②　分解されて，グルコースとして吸収される。

　③　構成する元素は，炭素，水素，酸素，窒素である。

　④　体内では主に生命活動のエネルギー源として用いられる。

問2　図中の下線部アミラーゼに代表される酵素に関する記述として適切なものを，次の①〜④
のうちから一つ選べ。解答番号は　7　。

① 体内での化学反応の速さをゆるやかにし，消化を助けている。

② 温度が高ければ高いほど，はたらきが活発になる。

③ アミラーゼは主に胃で分泌される消化酵素である。

④ 酵素は特定の物質のみに作用し，他の物質には作用しない。

問3　実験の結果から分かることの記述として適切なものを，次の①〜④のうちから一つ選べ。
解答番号は　8　。

① 試験管AとCの結果から，デンプンは温めると分解されることが分かった。

② 試験管BとDの結果から，アミラーゼは35℃程度でよくはたらくことが分かった。

③ 試験管A〜Cでは，デンプンが分解され別の物質が生じたことが分かった。

④ 試験管BとCの結果から，デンプンの分解にはアミラーゼが必要であることが分かった。

問4　試験管Eで生じた変化の名称と，その例の組合せとして適切なものを，次の①〜④のうち
から一つ選べ。解答番号は　9　。

	変化の名称	例
①	変性	暖かい環境では，肉の腐敗が速く進む
②	変性	加熱したフライパンで，魚を焼く
③	乳化	暖かい環境では，肉の腐敗が速く進む
④	乳化	加熱したフライパンで，魚を焼く

問5　試験管Fで生じた変化の名称と，その変化により試験管Fに含まれていることが分かる成
分の組合せとして適切なものを，次の①〜④のうちから一つ選べ。解答番号は　10　。

	変化の名称	成分
①	キサントプロテイン反応	タンパク質
②	キサントプロテイン反応	脂質
③	ビウレット反応	タンパク質
④	ビウレット反応	脂質

【選択問題】（ 5 ・ 6 のどちらか1題を選び解答する）

5 光に対する植物の反応について，問1〜問5に答えよ。

問1 光に対する植物の反応について述べた文として最も適切なものを，次の①〜④のうちから一つ選べ。解答番号は 11 。

① 光が当たった側の茎の細胞がより成長することで，光の方向に屈曲することを正の光屈性という。

② 花芽を形成するために必要な最低限の連続した明期の長さを限界明期という。

③ 林床など，弱い光しか届かない場所でも生育できる植物を陰生植物という。

④ 主に遠赤色光が当たることで，発芽が促進される種子のことを光発芽種子という。

問2 緑葉に含まれている色素を抽出し，図1のように，抽出液を透過した太陽光を直視分光器で観察した。この観察結果として最も適切なものを，下の①〜④のうちから一つ選べ。解答番号は 12 。

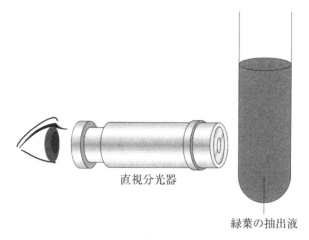

直視分光器

緑葉の抽出液

図1

① 緑色と青色が明るく見える

② 緑色が暗く見える

③ 赤色・緑色・青色が，すべて同じように明るく見える

④ 赤色と青色が暗く見える

問 3　図2は，オオカナダモ（水草）の光合成速度を調べる実験装置の模式図である。下の文中の
　　　　ア ， イ に入る語句の組合せとして正しいものを，下の①～④のうちから一つ選
　　べ。解答番号は 13 。

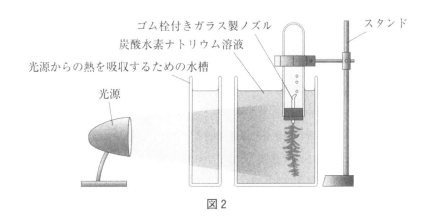

ゴム栓付きガラス製ノズル
炭酸水素ナトリウム溶液
光源からの熱を吸収するための水槽
光源
スタンド

図 2

　　オオカナダモに光を当てると，茎や葉の切れ目から気泡が発生する。この気泡には，光合
成でつくられた ア が一定の割合で含まれている。この現象を利用して，光源とオオカ
ナダモの距離を近づけたり離したりすることで， イ と光合成速度との関係を調べるこ
とができる。

	ア	イ
①	酸　素	光の強さ
②	デンプン	光の強さ
③	酸　素	酸素濃度
④	デンプン	二酸化炭素濃度

問4 光の強さと光合成の関係の模式的なグラフを図3に示す。図2の実験で、光源とオオカナダモとの距離が40cmのときの測定値が、C点だったとする。条件を一つ変えて、B点の測定値が得られたときの操作として最も適切なものを、下の①〜④のうちから一つ選べ。ただし、その他の条件は変化しないものとする。解答番号は 14 。

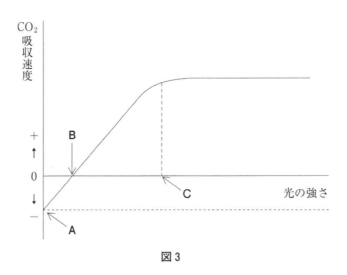

図3

① 光源をオオカナダモに近づけた。

② 光源をオオカナダモから遠ざけた。

③ オオカナダモを2本に増やした。

④ 炭酸水素ナトリウム溶液の濃度を増加させた。

問5 図3のA点についての説明として最も適切なものを、次の①〜④のうちから一つ選べ。解答番号は 15 。

① 呼吸速度を示すもので、光合成が行われていない状態を示している。

② 呼吸速度を示すもので、呼吸と光合成がつり合っている状態を示している。

③ 光補償点を表すもので、光合成が呼吸よりも少ない状態を示している。

④ 光補償点を示すもので、光合成が最大限に行われている状態を示している。

【選択問題】（ 5 ・ 6 のどちらか1題を選び解答する）

6 私たちの身のまわりには，細菌や菌類などの微生物が多数存在している。微生物発見の歴史と私たちの生活に関わりのある微生物について，問1～問5に答えよ。

問1 微生物を初めて発見したのは，17世紀のオランダのレーウェンフックと言われている。レーウェンフックは自作の200倍程度の単レンズ型の顕微鏡を用いて，様々な微生物を発見した。この当時の微生物に関する知見や一般的な考え方として最も適切なものを，次の①～④のうちから一つ選べ。解答番号は 11 。

① 感染力の高い感染病の流行は知られていなかった。

② 微生物は自然発生するという自然発生説が信じられていた。

③ この頃はまだ発酵させた食物は存在していなかった。

④ 食中毒の原因の多くが微生物によるものであることもほぼ同時に明らかになった。

問2 微生物に関する次の研究を行った研究者と発見されたものは何か。最も適切な組合せを，下の①～④のうちから一つ選べ。解答番号は 12 。

> タバコの葉にモザイク状の黒色斑点ができ，商品価値が損なわれるタバコモザイク病という病気がある。顕微鏡ではこの病原体を確認できなかったため，素焼きの陶板をつかって病原体の大きさを調べる試みを行った。陶板には微小な穴が網目状に入り組んでおり，微生物を含んだ水を通すと，通常，水だけがろ過される。ところが，タバコモザイク病にかかった葉の抽出液を陶板に通した場合，そのろ液を健康な葉につけるとタバコモザイク病が発生した。

	研究者	発見されたもの
①	パスツール	ウイルス
②	パスツール	細 菌
③	イワノフスキー	ウイルス
④	イワノフスキー	細 菌

令和5年度第2回試験

問 3　私たちの食生活には，微生物を利用した発酵食品が多く存在する。発酵食品の組合せとして誤っているものを，次の①～④のうちから一つ選べ。解答番号は　13　。

① ジャム，牛乳

② チーズ，キムチ

③ パン，かつおぶし

④ みりん，しょうゆ

問 4　製造過程でカビ，酵母，細菌のすべてのはたらきを利用する発酵食品の例として最も適切なものを，下の①～④のうちから一つ選べ。解答番号は　14　。

ヨーグルト　　　　　　納　豆　　　　　　み　そ　　　　　　ワイン

① ヨーグルト

② 納　豆

③ み　そ

④ ワイン

問 5　下水処理場では，水質汚濁の進んだ水を浄化するため，活性汚泥法などが用いられている。活性汚泥法に関する記述として最も適切なものを，次の①～④のうちから一つ選べ。解答番号は　15　。

① 汚濁の進んだ水を長時間放置し，水中の微生物を利用して汚濁物から有機物を合成して浄化している。

② 活性汚泥中の微生物を用いて，酸素のない条件で汚濁の原因である有機物を分解している。

③ 活性汚泥中の微生物を加熱殺菌したのち，他の微生物が生産する抗生物質によって有機物を分解している。

④ 活性汚泥中の微生物を用いて，空気を入れて汚濁の原因である有機物を分解している。

【選択問題】（ 7 ・ 8 のどちらか1題を選び解答する）

7 地球や月，太陽などの天体について，問1～問5に答えよ。

私たちは長い間，地上から天空を眺めてきた。中でも太陽や月は，その運行の周期性を観察_(a)し，時や季節を知るために古くから利用されてきた。今日では望遠鏡によって太陽や月などを細部まで，正確に観測することができるようになった。

問1　次の文は太陽について説明したものである。文中の ア ， イ に入る語句の組合せとして正しいものを，下の①～④のうちから一つ選べ。解答番号は 16 。

太陽の表面は光球と呼ばれ，その温度は約 ア K であり，黒点や白斑などの模様がみられる。彩層は光球の外側にある赤色の薄い層で，その外側にはさらに高温のコロナがある。黒点の近くでは彩層やコロナの一部が突然明るく輝くことがあり，地球上で観察される イ の原因となる。

	ア	イ
①	600	彗星
②	600	オーロラ
③	6000	彗星
④	6000	オーロラ

問2　地球に関する説明文として適切なものを，次の①～④から一つ選べ。解答番号は 17 。

① 地球の平均表面温度は約15℃であり，液体の水が存在し，様々な生命を育むことができる。

② 地球の大気の主成分は酸素であり，これは金星の大気の主成分と同じである。

③ 地球には3つの衛星があるが，その中でもっとも半径が大きいものが月である。

④ 地球の半径は約640kmであり，酸素や窒素などの気体をとどめておくのに十分な大きさと重力を持っている。

問3 下線部太陽や月は，その運行の周期性を観察し，時や季節を知るために古くから利用され
(a)
てきたに関し，太陽暦では地球が太陽を1周する時間を1年とし，太陰暦では新月が次の新
月になるまでをひと月とした。このひと月は平均すると29.5日であり，次第に暦と季節の
ずれが生じた。これを調節するために太陰太陽暦では閏月の考え方が用いられた。閏月の
用い方としてもっとも適切なものを，次の①〜④から一つ選べ。解答番号は 18 。

① 6年に1度，1年を11か月とする。

② 3年に1度，1年を11か月とする。

③ 3年に1度，1年を13か月とする。

④ 6年に1度，1年を13か月とする。

問4 次の文は日食について説明したものである。 ウ ， エ に入る語句の組合せとし
て適切なものを，下の①〜④のうちから一つ選べ。解答番号は 19 。

　図のように，月は地球の衛星であり，地球の周囲を回っている。太陽−月−地球がこの順
に一直線になると日食が観察されるが，月の ウ は地球の ウ に対して約5°傾い
ているため エ のたびに日食が起こるわけではない。

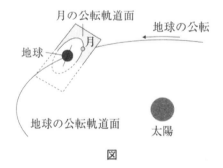

図

	ウ	エ
①	自転軸	新　月
②	自転軸	満　月
③	公転軌道面	新　月
④	公転軌道面	満　月

問 5　地球は太陽系に含まれる惑星の1つである。惑星をその大きさや性質から分類したとき,地球と同じ分類になる惑星とその分類についての説明として適切なものを, 次の①〜④のうちから一つ選べ。解答番号は　20　。

	地球と同じ分類の惑星	分類の説明
①	天王星	金属の核を持ち, 密度が大きい
②	火　星	金属の核を持ち, 密度が大きい
③	土　星	ガスを主成分としており, 密度が小さい
④	金　星	ガスを主成分としており, 密度が小さい

【選択問題】（ 7 ・ 8 のどちらか1題を選び解答する）

8 日本における自然災害について，問1～問5に答えよ。

日本列島は，ユーラシア大陸の東縁，太平洋の西岸に位置し，複数のプレートがぶつかる収束
境界である。そのため，日本は様々な種類の火山が多く，地震の発生も多い。また，降水量が多
く，急 峻 な地形も多いこともあり，多くの自然災害に見舞われている。
(b)

問1 下線部複数のプレートは，図1のような配置である。図1のアのプレート名称と，プレー
(a)
ト境界イにみられる海底地形の名称の組合せとして正しいものを，下の①～④のうちから一
つ選べ。解答番号は 16 。

図1

	ア	イ
①	フィリピン海プレート	南海トラフ
②	フィリピン海プレート	日本海溝
③	太平洋プレート	南海トラフ
④	太平洋プレート	日本海溝

問2 下線部様々な種類の火山に関し，火山の噴火や災害について適切でないものを，次の①～
(b)
④のうちから一つ選べ。解答番号は 17 。

① 粘性が低いマグマの火山では，穏やかな噴火が起き，黒っぽい石が多い。

② 安山岩質のマグマでは成層火山が形成され，大きな火山弾を飛ばす噴火が起きることも
ある。

③ カルデラは大規模な噴火が起きたあとに，山体が崩壊することでできるため，粘性が低
いマグマの火山でしか形成されない。

④ 溶岩ドーム（溶岩円頂丘）では，山体の一部が崩壊し，火砕流を引き起こすことがある。

　図2は2011年3月11日に発生した東北地方太平洋沖地震(M 9.0)の震度分布図，図3は2016年4月14日に発生した熊本地震(M 6.5)の震度分布図である。✕は震央を表している。

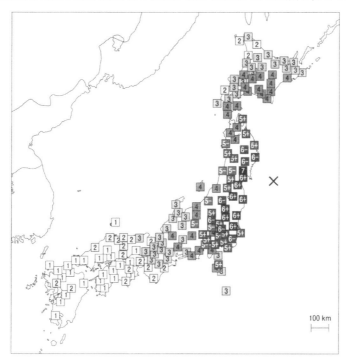

図 2

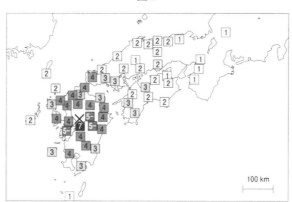

図 3

問 3　図2と図3から読み取れる情報として最も適切なものを，次の①～④のうちから一つ選べ。解答番号は　18　。

① 二つの地震はともに，震央で最大震度を記録している。

② 二つの地震を比べると，マグニチュードの大きい方が震度3以上の揺れを感知した範囲が広い。

③ 二つの地震は，発生原理は異なるが，ともに津波による被害が大きかったと推定される。

④ 二つの地震では震度階級で最も大きい震度7は観測されていない。

問 4　M 9.0の地震とM 7.0の地震のマグニチュードに関する説明として適切なものを，次の①～④のうちから一つ選べ。解答番号は　19　。

① M 9.0の地震のエネルギーは，M 7.0の地震のエネルギーの 2 倍である。

② M 9.0の地震のエネルギーは，M 7.0の地震のエネルギーの 4 倍である。

③ M 9.0の地震のエネルギーは，M 7.0の地震のエネルギーの 32 倍である。

④ M 9.0の地震のエネルギーは，M 7.0の地震のエネルギーの 1000 倍である。

問 5　次の文中の　A　，　B　に入る語句の組合せとして正しいものを，下の①～④のうちから一つ選べ。解答番号は　20　。

　　日本は様々な自然災害に対して，多くの対応をしてきた。例えば，緊急地震速報は，震源に近い地震計でとらえた　A　をもとに各地の強い揺れの到達時刻や震度を予測して知らせるものである。また，火山などの多くの災害に対してハザードマップが作成されている。

　　河川付近では，降雨災害により氾濫した際のハザードマップが作られており，　B　の被害がどの程度あるかなど，過去の氾濫をもとに予測し，避難の支援を行っている。

	A	B
①	P 波	液状化
②	P 波	洪水・浸水
③	S 波	液状化
④	S 波	洪水・浸水

令和5年度 第2回

解答・解説

📖 　　　令和5年度　第2回　高卒認定試験

【 解 答 】

1	解答番号	正答	配点	2	解答番号	正答	配点	3	解答番号	正答	配点	4	解答番号	正答	配点
問1	1	②	5	問1	1	①	5	問1	6	①	5	問1	6	③	5
問2	2	④	5	問2	2	④	5	問2	7	③	5	問2	7	④	5
問3	3	③	5	問3	3	②	5	問3	8	②	5	問3	8	②	5
問4	4	④	5	問4	4	③	5	問4	9	①	5	問4	9	②	5
問5	5	①	5	問5	5	③	5	問5	10	④	5	問5	10	③	5

5	解答番号	正答	配点	6	解答番号	正答	配点	7	解答番号	正答	配点	8	解答番号	正答	配点
問1	11	③	5	問1	11	②	5	問1	16	④	5	問1	16	①	5
問2	12	④	5	問2	12	③	5	問2	17	①	5	問2	17	③	5
問3	13	①	5	問3	13	①	5	問3	18	③	5	問3	18	②	5
問4	14	①	5	問4	14	②	5	問4	19	①	5	問4	19	④	5
問5	15	①	5	問5	15	④	5	問5	20	②	5	問5	20	②	5

【 解 説 】

1

問1　光は進行方向に対して垂直に振動する波です。自然光はあらゆる方向に振動する光の集合ですが、これが偏光板を通過すると一定方向にのみ振動する光（偏光）だけが通り抜け、他の振動方向をもつ光は遮断されます。例えば、垂直方向に振動する光が通過できる偏光板であれば、水平方向に振動する光は遮断されます。図1に示されている2つの偏光板について、通過できる光の振動する方向のずれが90度に近いほど、光が遮断されることになります。①のように2つの偏光板に描かれている振動方向を示す平行線が同じ方向であれば、Aの偏光板を通過した光がそのままBの偏光板を通過するので明るく見えますが、②のように平行線のずれが90度に近いと、Aの偏光板を通過した光はBの偏光板で遮断されるため暗く見えることになります。したがって、②が正解となります。

　　　解答番号【1】：②　　　⇒ 重要度A

問2　太陽光を通すと、様々な光の色の帯を観察することができるのはプリズムで、これを光のスペクトルといいます。偏光板は一定方向にのみ振動する光を通過させ、振動する方向がこれと異なる光を遮断するという性質をもちます。したがって、④が正解となります。

　　　解答番号【2】：④　　　⇒ 重要度A

問3　次の図のように鏡で反射される光の入射角と反射角は等しくなります。

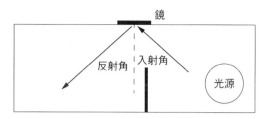

　　したがって、③が正解となります。

解答番号【3】：③　　⇒ 重要度A

問4　鏡に映る人の姿は反射光になります。入射角と反射角が等しくなることを考えると、人の全身を鏡に映すためには、少なくとも身長の半分の長さの鏡を上端が人の頭の高さになる位置に設置する必要があります。問題では鏡は床に置いているので、人の身長と同じ長さの鏡が必要です。したがって、④が正解となります。

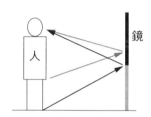

解答番号【4】：④　　⇒ 重要度B

問5　ラジオ放送やテレビ放送などに利用されているのは電波です。殺菌効果をもち、蛍光物質に当てると発光する性質をもつのは紫外線です。また、赤外線は離れた物体の温度を観測するためのサーモグラフィなどに利用されています。したがって、①が正解となります。

解答番号【5】：①　　⇒ 重要度B

2

問1　高い位置から落下する物体は、重力によって仕事をされるため、落下速度はしだいに速くなりますが、これは物体の運動エネルギーが増加していることを示しています。一方、物体の高さが低くなると、物体の重力による位置エネルギーは減少します。したがって、正解は①となります。

解答番号【1】：①　　⇒ 重要度A

問2　ボールが床と衝突したときに力学的エネルギーの一部は、熱エネルギーなどの他の形態のエネルギーに変換されます。したがって、正解は④となります。

解答番号【2】：④　　⇒ 重要度A

問3　ハンマーの仕事から得た熱の量は、（物体の比熱）×（温度変化）で求めることができます。ボールAとボールBの比熱は等しく、ボールAは温度変化があまり見られず、ボールBは温度が上昇したことから、ボールAがハンマーの仕事から得た熱の量よりもボールBがハンマーの仕事から得た熱の量の方が大きいことがわかります。したがって、正解は ② となります。

解答番号【3】：②　　⇒ ■重要度A

問4　物体の温度を1K上昇させるのに必要な熱量のことを熱容量といいます。物体にする仕事の量と物体が得る熱量は比例し、1gの水の温度を1K上昇させるのに必要な熱量に相当する仕事の量は、約4.2Jであることが知られています。したがって、正解は③となります。

解答番号【4】：③　　⇒ ■重要度A

問5　太陽熱温水器は光エネルギーから、電熱器は電気エネルギーから熱エネルギーを得る機器であることからオには「熱」が当てはまります。また、光合成によってつくられるエネルギーは化学エネルギーであることからカには「化学」が当てはまります。ダイナマイト、蒸気機関車、モーターがする仕事は、運動エネルギーをつくりだすことなので、キには「力学」が当てはまります。したがって、③が正解となります。

解答番号【5】：③　　⇒ ■重要度A

[3]

問1　②、③、④は金属により異なる特徴となります。例えば、鉄、ニッケル、コバルトなどは磁石につきますが、金、銀、銅、アルミニウムなどは磁石につきません。したがって、①が正解となります。

解答番号【6】：①　　⇒ ■重要度A

問2　ジュラルミンは、比較的軽量で丈夫な合金であり、電車の外装などには使われますが、電車のレールには使われません。通常、電車のレールに用いられるのは鋼のような鉄を主体とする合金です。したがって、③が正解となります。

解答番号【7】：③　　⇒ ■重要度B

問3　溶鉱炉内でコークスが燃えると、一酸化炭素を生じます。これが繰り返し鉄の酸化物を還元することで銑鉄が得られます。したがって、正解は②となります。

解答番号【8】：②　　⇒ ■重要度B

問4　②溶融塩電解はアルミニウムやナトリウムなどの生産に利用されます。この方法は銅のようなイオン化傾向の小さい金属には用いられません。③銅の電解精錬では、水溶液中に溶け出した銅イオンは陰極に析出します。④粗銅中に含まれる金や銀などの不純物は、陽極の下に沈殿します。したがって、正解は①となります。

解答番号【9】：①　　⇒ ■重要度C

問5　①アルミニウムはボーキサイトを原料として製造されます。スラグとは、鉱物から金属を還元・精錬する際に特定の成分が溶融・分離してできた物質です。②アルミナを融解する際に、融点を下げるために加えられるのは、石灰石ではなく氷晶石などです。③アルミニウムの電解精錬では、溶融氷晶石にアルミナを溶解したものを電解液として用います。したがって、④が正解となります。

　　　解答番号【10】：④　　⇒ 重要度B

4

問1　デンプンの化学式は $(C_6H_{10}O_5)n$ となります。構成する元素は炭素、水素、酸素であり、窒素は含まれません。したがって、③が正解となります。

　　　解答番号【6】：③　　　⇒ 重要度B

問2　①酵素は体内での化学反応を促進するはたらきをもちます。②酵素はタンパク質でできているため、あまり高温になるとタンパク質が変性して酵素のはたらきが失われます。③アミラーゼは膵液やだ液に含まれる消化酵素で、膵臓やだ液腺から分泌されます。したがって、正解は④となります。

　　　解答番号【7】：④　　　⇒ 重要度A

問3　①試験管AとCの結果から、デンプンは温めても分解されていません。③試験管A〜Cの結果を見ると、いずれも青紫色に変色していることから、デンプンが分解されていないことがわかります。④デンプンの分解にはアミラーゼが必要ですが、試験管Bではアミラーゼを加えてもデンプンが分解されていません。また、試験管Cではアミラーゼが加えられていないため、試験管BとCの結果からは、このようなことは判断できません。したがって、②が正解となります。

　　　解答番号【8】：②　　　⇒ 重要度B

問4　卵白はタンパク質でできているため、加熱することでタンパク質が変性します。そのため白い濁りが生じています。加熱したフライパンで魚を焼くと魚の身が変化するのは、この変性の例といえます。乳化とは、油と水のように互いに混ざり合わない液体の一方が微粒子となり、もう一方の中に分散している状態のことです。したがって、②が正解となります。

　　　解答番号【9】：②　　　⇒ 重要度A

問5　水酸化ナトリウム水溶液のような強塩基の水溶液に硫酸銅（Ⅱ）水溶液を加えた溶液に反応するのはタンパク質です。このような反応をビウレット反応といいます。キサントプロテイン反応では硝酸を用います。したがって、③が正解となります。

　　　解答番号【10】：③　　　⇒ 重要度B

5

問1　①正の光屈性とは、光が当たらない側の茎の細胞がより成長することで、光の方向に屈曲することをいいます。②花芽を形成するために必要な最低限の連続した暗期の長さを限界暗期といいます。④光発芽種子は赤色光の照射により発芽が促進されますが、それより波長の長い遠赤色光を当てると発芽が抑制されます。したがって、正解は③となります。

解答番号【11】：③　　⇒ 重要度 B

問2　緑葉に含まれている色素は、クロロフィル（葉緑素）です。クロロフィルは赤色と青色の光をよく吸収するため、抽出液を透過した太陽光を直視分光器で観察すると、赤色と青色が暗く見えます。したがって、正解は④となります。

解答番号【12】：④　　⇒ 重要度 B

問3　光合成は二酸化炭素を吸収し、酸素を生成します。また、光源とオオカナダモの距離を変えることで、光の強さと光合成速度の関係を調べることができます。したがって、①が正解となります。

解答番号【13】：①　　⇒ 重要度 A

問4　図3よりB点はC点に比べ、CO_2 吸収速度が低く、光の強さも弱くなっています。グラフはC点まで右上がりになっていることから、この点までは光の強さに比例して光合成速度が大きくなっていることがわかります。B点の測定値を得るには、光の強さを弱くする必要があるので、光源をオオカナダモから遠ざける操作が該当します。したがって、②が正解となります。

解答番号【14】：②　　⇒ 重要度 A

問5　A点では CO_2 吸収速度がマイナスになっています。これが呼吸速度を示すもので、光合成が行われていない状態を示しています。光合成速度と呼吸速度が等しくなる光補償点はB点です。したがって、①が正解となります。

解答番号【15】：①　　⇒ 重要度 A

6

問1　①ヨーロッパでは 14 世紀に黒死病（ペスト）の流行があり、すでに感染病の流行は認知されていました。③牛乳の発酵によりつくられるヨーグルトは、紀元前 5000 年頃に生まれたと言われています。④食中毒の原因の多くが微生物によるものであることは、19 〜 20 世紀にかけて認識されるようになりました。したがって、正解は②となります。

解答番号【11】：②　　⇒ 重要度 C

問2　タバコモザイク病の病原体が細菌よりも小さいことをつきとめたのは、イワノフスキーです。これがウイルスの発見となりました。したがって、③が正解となります。

解答番号【12】：③　　⇒ 重要度 B

問3 発酵とは、微生物の作用により食材に含まれるデンプンや糖、タンパク質を分解・合成することです。①のジャムと牛乳はこれに該当しません。したがって、①が正解となります。

解答番号【13】：① ⇒ 重要度A

問4 ①ヨーグルトは牛乳や豆乳を乳酸菌で発酵させてつくります。②納豆は大豆を納豆菌で発酵させてつくります。③みそは大豆を麹菌（カビの一種）、酵母、乳酸菌で発酵させてつくります。④ワインはブドウをワイン酵母で発酵させてつくります。したがって、正解は③となります。

解答番号【14】：③ ⇒ 重要度B

問5 ①汚濁の原因は有機物であるため、これを分解しないと水を浄化できません。②微生物が有機物を分解するには酸素が必要となります。③加熱殺菌を行うと、有機物を分解する微生物が死滅してしまいます。したがって、正解は④となります。

解答番号【15】：④ ⇒ 重要度B

7

問1 太陽の表面温度は約6000 Kです。地球上で観測されるオーロラは太陽からくる荷電粒子が地球の大気とぶつかって起こる発光現象です。黒点付近の彩層やコロナの一部が突然明るく輝く太陽フレアのような現象が原因と考えられています。したがって、正解は④となります。

解答番号【16】：④ ⇒ 重要度B

問2 ②地球の大気の主成分は割合の多い順に窒素、酸素、アルゴン、二酸化炭素などとなりますが、金星の大気の主成分は二酸化炭素です。③地球の衛星は月であり、1つしかありません。④地球の半径は約6400kmです。したがって、正解は①となります。

解答番号【17】：① ⇒ 重要度A

問3 太陰暦ではひと月の平均を29.5日として1年を計算すると、354日となります。太陽暦の1年を365日とすると、1年で11日のずれが生じます。太陰暦では1年で11日短くなるので、3年でほぼひと月分の日数ほど短くなります。太陰太陽暦では3年に一度、1年を13か月とすることで、これによる季節のずれを調節します。したがって、正解は③となります。

解答番号【18】：③ ⇒ 重要度B

問4 太陽―月―地球がこの順に並ぶのは新月のときです。しかし、月の公転軌道面は地球の公転軌道面に対して約5°傾いているため、月が太陽の上や下に位置しているときには、太陽―月―地球がこの順で並んでいても、日食は見られません。日食が起こるのは両方の公転軌道面が交わるところで、この並び順になった場合に限られます。したがって、正解は③となります。

解答番号【19】：③ ⇒ 重要度B

問5　火星と金星は地球と同じ分類（地球型惑星）になり、金属の核をもち、密度が大きいのが特徴です。ガスを主成分としていて、密度が小さいのは木星型惑星の特徴です。したがって、正解は②となります。

解答番号【20】：②　　⇒ **重要度A**

8

問1　アはフィリピン海プレート、イは南海トラフです。太平洋プレート、日本海溝は日本列島の東側に位置しています。したがって、正解は①となります。

解答番号【16】：①　　⇒ **重要度A**

問2　カルデラは、火山の大規模な爆発的噴火の結果、火口付近が陥没してできたくぼ地です。一般に、このような噴火をおこす火山のマグマは粘性が高いものになります。したがって、正解は③となります。

解答番号【17】：③　　⇒ **重要度B**

問3　①図2を見ると、震央から離れたところで最大震度（7）を記録しています。③熊本地震では津波は観測されませんでした。④図2と図3の両方とも震度7を観測している地点があります。したがって、正解は②となります。

解答番号【18】：②　　⇒ **重要度A**

問4　地震のマグニチュードは、その値が1増えると地震のエネルギーは約32倍になります。M9.0はM7.0より2階級大きいので、地震のエネルギーは約32^2倍となり、エネルギーは約1000倍ということになります。したがって、④が正解となります。

解答番号【19】：④　　⇒ **重要度A**

問5　緊急地震速報は、震源に近い地震計でとらえたP波をもとに各地の強い揺れの到達時刻や震度を予測して知らせます。河川付近のハザードマップでは、降雨災害により氾濫したときに洪水・浸水の被害がどの程度あるかなど、過去の氾濫をもとに予測し、避難の支援を行っています。したがって、②が正解となります。

解答番号【20】：②　　⇒ **重要度B**

令和5年度 第1回
高卒認定試験

科学と人間生活

注　意　事　項（抜粋）

* 試験開始の合図前に，監督者の指示に従って，解答用紙の該当欄に以下の内容をそれぞれ正しく記入し，マークすること。
  ①氏名欄
    氏名を記入すること。
  ②受験番号，③生年月日，④受験地欄
    受験番号，生年月日を記入し，さらにマーク欄に受験番号（数字），生年月日（年号・数字），受験地をマークすること。
* 受験番号，生年月日，受験地が正しくマークされていない場合は，採点できないことがある。
* 解答は，解答用紙の解答欄にマークすること。例えば，│ 10 │と表示のある解答番号に対して②と解答する場合は，次の（例）のように**解答番号 10 の解答欄**の②にマークすること。

（例）

解答番号	解　答　欄
10	① ❷ ③ ④ ⑤ ⑥ ⑦ ⑧ ⑨ ⓪

1 【選択問題】│ 1 │・│ 2 │のどちらか1題，│ 3 │・│ 4 │のどちらか1題，│ 5 │・│ 6 │のどちらか1題，│ 7 │・│ 8 │のどちらか1題の計4題を選んで，解答する問題番号を記入及びマークした上で，解答すること。5題以上にわたり解答した場合は採点できないので注意すること。

│ 1 │・│ 2 │の解答番号は│ 1 │から│ 5 │

│ 3 │・│ 4 │の解答番号は│ 6 │から│ 10 │

│ 5 │・│ 6 │の解答番号は│ 11 │から│ 15 │

│ 7 │・│ 8 │の解答番号は│ 16 │から│ 20 │

科 学 と 人 間 生 活

（解答番号 1 ～ 20 ）

令和5年度第1回試験

【選択問題】（ 1 ・ 2 のどちらか1題を選び解答する）

1 光の性質について，問1～問5に答えよ。

問 1 　図1のように，断面が二等辺三角形のプリズムの1つの面に薄い金属フィルムを貼り付け，左側の面に単色光を垂直に当てた。光は図中の矢印のように，Aの位置で反射した後，Bの位置で屈折して進んだ。Aの位置で反射するときの反射角と，Bの位置で屈折するときの屈折角の組合せとして正しいものを，下の①～④のうちから一つ選べ。解答番号は 1 。

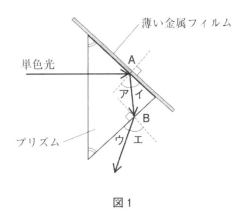

図1

	反射角	屈折角
①	ア	ウ
②	ア	エ
③	イ	ウ
④	イ	エ

問2　図2のように，単色光を白色光に変えたところ，プリズムの下に置かれたスクリーンにスペクトルが現れた。光が分散を始める位置と，スペクトルのうち赤色が現れた位置の組合せとして最も適切なものを，下の①～④のうちから一つ選べ。ただし，図中の点A，点Bは図1と同じ位置を示す。解答番号は　2　。

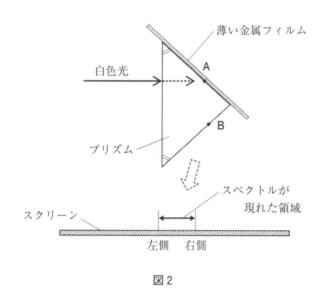

図2

	光が分散を始める位置	スペクトルのうち赤色が現れた位置
①	A と B	左 側
②	A と B	右 側
③	B	左 側
④	B	右 側

問 3　図3のように，2枚の平面鏡を 90°の角度に設置し，図中に示した角度が 45°になるよう
に単色光を当てると，光が反射して進んだ。当てる光の角度を 60°に変えた場合，光の進む
道筋として最も適切なものを，下の①～④のうちから一つ選べ。解答番号は　3　。

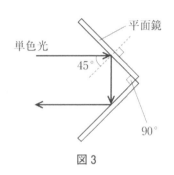

図 3

①

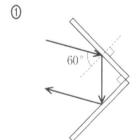

②

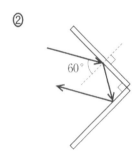

③

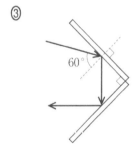

④

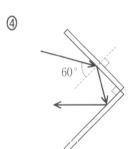

問4 図4のようなヤングの実験について説明した次の文中の　ア　，　イ　に入る語句の組合せとして最も適切なものを，下の①〜④のうちから一つ選べ。解答番号は　4　。

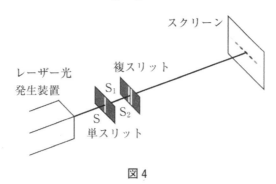

図4

ヤングの実験では，複スリットのS_1，S_2を通り回折して広がった光が　ア　して，スクリーンに明暗の縞模様が現れる。光の波長は非常に短いため，S_1，S_2の間隔が　イ　程度以下にならないと明暗の縞模様は観察されにくい。

	ア	イ
①	干　渉	0.1 mm
②	干　渉	1 cm
③	偏　光	0.1 mm
④	偏　光	1 cm

問5 可視光線以外の電磁波も，身のまわりの生活において様々な用途で使われている。電磁波の種類(名称)と，その電磁波の説明の組合せとして最も適切なものを，次の①〜④のうちから一つ選べ。解答番号は　5　。

	電磁波の種類 (名称)	電磁波の説明
①	電　波	電磁波の中では波長が長いため，障害物の背後に回り込みにくい。
②	紫外線	可視光線より波長が長く，化学反応を促進するはたらきがある。
③	X　線	紫外線より波長が短く，生物にとって有害なため取り扱いには注意が必要である。
④	赤外線	電波より波長が長く，リモコンなどに使われている。

【選択問題】（ 1 ・ 2 のどちらか1題を選び解答する）

2 熱とエネルギーについて，問1〜問5に答えよ。

物質を加熱すると，一般的に固体→液体→気体と状態変化する。固体から液体に変わるときに

は ア ，液体から気体に変わるときには イ といわれる熱が物質に使われる。 ア ，

イ を合わせて潜熱という。

一方で状態変化せず，たとえば液体の状態を保つように加熱する場合でも，見た目にはわから

ないが，分子など物質の構成粒子の ウ が激しくなる。

問1　文中の ア 〜 ウ に入る語句の組合せとして正しいものを，次の①〜④のうちか

ら一つ選べ。解答番号は 1 。

	ア	イ	ウ
①	融解熱	蒸発熱	熱膨張
②	融解熱	蒸発熱	熱運動
③	蒸発熱	融解熱	熱膨張
④	蒸発熱	融解熱	熱運動

問2　下線部状態変化をしている間の温度変化の説明として最も適切なものを，次の①〜④のう
(a)
ちから一つ選べ。解答番号は 2 。

① 温度は大きく上昇する。

② 温度は大きく下降する。

③ 温度は変化せず一定のままである。

④ 温度は上昇と下降を繰り返す。

下線部<u>液体の状態を保つように加熱する</u>ときを考える。図は同じ質量 50 g の水と油をそれぞ
れ一定の割合で t 秒間加熱したときの温度変化を示したものである。

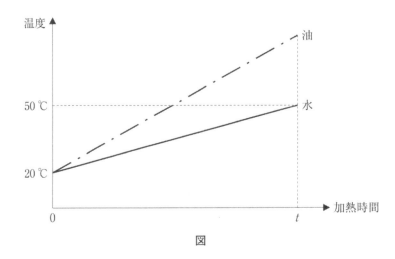

図

問3　この図の説明として適切なものを，次の①〜④のうちから一つ選べ。

解答番号は　3　。

① グラフの傾きが大きいほど，熱伝導の度合いが大きいことを示す。

② グラフの傾きが大きいほど，熱伝導の度合いが小さいことを示す。

③ グラフの傾きが大きいほど，比熱(比熱容量)が大きいことを示す。

④ グラフの傾きが大きいほど，比熱(比熱容量)が小さいことを示す。

問4　t 秒間水に加えた熱量として正しいものを，次の①〜④のうちから一つ選べ。ただし，水
の比熱を 4.2 J/(g·K) とし，加えた熱量はすべて水に伝わったものとする。

解答番号は　4　。

① 6.3×10^2 J

② 2.5×10^3 J

③ 6.3×10^3 J

④ 2.5×10^4 J

問5　熱やエネルギーの性質を説明する文として**適切でない**ものを，次の①〜④のうちから一つ
選べ。解答番号は　5　。

① 高温の物体から低温の物体に熱は移動するが，その逆は自然には起こらない。

② 熱効率が高いほど，熱エネルギーは効率的に利用されている。

③ エネルギーは様々な形態があるが，最終的には熱エネルギーに変換されることが多い。

④ 熱効率が 1 (100 %) のものは永久機関といわれ，現代の日常生活に多く利用されている。

【選択問題】（ 3 ・ 4 のどちらか1題を選び解答する）

3 　身近に利用されている金属について，問1〜問5に答えよ。

問 1 　次のa〜dの記述のうち，金属の性質を示している組合せとして適切なものを，下の①〜

④のうちから一つ選べ。解答番号は 6 。

　　　　a 　展性，延性に富む。
　　　　b 　自由に動き回れる陽子をもつ。
　　　　c 　電解質である。
　　　　d 　熱や電気の伝導性が大きい。

　　　① 　a 　と 　b
　　　② 　b 　と 　c
　　　③ 　c 　と 　d
　　　④ 　a 　と 　d

問 2 　金属の多くは，地中で酸素などと結合した鉱石の状態で存在している。金属を単体として
　　取り出すために，電気分解を利用した図1のような方法が用いられている。これらの方法に
　　よって得られる金属の組合せとして正しいものを，下の①〜④のうちから一つ選べ。
　　解答番号は 7 。

溶融塩電解　　　　　　　　　電解精錬

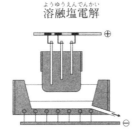 

図 1

	溶融塩電解	電解精錬
①	アルミニウム	銅
②	アルミニウム	鉄
③	銅	鉄
④	鉄	銅

問3 金属の製錬について説明する文として適切なものを，次の①〜④のうちから一つ選べ。

解答番号は 8 。

① 鉄鉱石から得られた鋼を，さらに不純物を取り除いて銑鉄にする。

② 鉄の製錬では，電気分解の技術を利用している。

③ アルミニウムの製錬では，鉱石をコークスとともに高温で加熱し酸素を取り除いている。

④ 黄銅鉱などの銅鉱石を製錬すると，粗銅が得られる。

問4 合金を作るために，次の手順で実験を行った。図2は実験の様子を表している。この実験で得られる合金として正しいものを，下の①〜④のうちから一つ選べ。

解答番号は 9 。

1．蒸発皿に亜鉛粉末と水酸化ナトリウム水溶液を入れ，ガスバーナーで穏やかに加熱する。

2．銅板をピンセットではさみ，表面が亜鉛でめっきされ銀色になるまで，蒸発皿の溶液に浸ける。

3．銅板を溶液から取り出し，水道水で軽く水洗いした後に水分をふき取る。

4．銅板をピンセットではさみ，ガスバーナーで軽く熱すると金色に変化して合金となる。

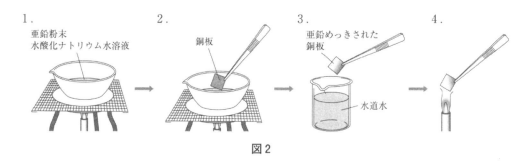

図2

① ジュラルミン

② 黄銅（真ちゅう）

③ ステンレス鋼

④ 青銅（ブロンズ）

問5 金属の再利用について説明する文として**適切でない**ものを，次の①〜④のうちから一つ選べ。解答番号は 10 。

① 廃棄された携帯電話から，様々な希少金属（レアメタル）を回収することができる。

② スチール缶は，主に洗浄・殺菌した後にそのまま繰り返して使われている。

③ アルミ缶とスチール缶を分別するために，磁石を利用する方法がある。

④ 現在の日本におけるアルミ缶のリサイクル率は約90％である。

令和5年度第1回試験

【選択問題】（ 3 ・ 4 のどちらか1題を選び解答する）

4 食品の栄養素について，問1～問5に答えよ。

　私たちが健康に生きていくためには，図のような様々な食品が必要である。私たちの主食となる穀類やいも類などには，糖類からなる A が多く含まれ，おかずとなる肉類や魚類などには，アミノ酸からなる B が多く含まれている。また，これらに C を加えたものを三大栄養素という。

| A を多く含む食品 | B を多く含む食品 | C を多く含む食品 |

図

問1　文中の A に入る語句として適切なものを，次の①～④のうちから一つ選べ。
　　　解答番号は 6 。
　　① タンパク質
　　② 炭水化物
　　③ ビタミン
　　④ 脂　質

問2　アミノ酸が多数結合して文中の B が生成するときの結合として正しいものを，次の①～④のうちから一つ選べ。解答番号は 7 。
　　① ペプチド結合
　　② 金属結合
　　③ 付加重合
　　④ イオン結合

問3 文中の C について説明する文として適切なものを，次の①〜④のうちから一つ選べ。解答番号は 8 。

① ヨウ素デンプン反応を示す。

② ヒトの体内では，分解されグリコーゲンとして貯蔵される。

③ 常温で液体のものを脂肪という。

④ エネルギー源となり，ヒトの体内でモノグリセリドと脂肪酸に分解される。

問4 タンパク質は熱を加えたり，強い酸を加えたりすると変性する。タンパク質の変性を利用して作られているものとして**適切でないもの**を，次の①〜④のうちから一つ選べ。解答番号は 9 。

① プリン

② 豆 腐

③ バター

④ たまご焼き

問5 調理済みの白米100g中の栄養素の割合は**表**のとおりである。**表**の値を用いて，白米100g中の三大栄養素から得られるおよそのエネルギー量として適切なものを，下の①〜④のうちから一つ選べ。ただし，食品のエネルギー量は，その食品が燃焼するときに発生する熱量で表され，体内で1gあたり，炭水化物とタンパク質は約17kJ，脂質は約38kJの熱量を生じるとする。解答番号は 10 。

表

	炭水化物	タンパク質	脂 質	水	その他
調理済みの白米 100g	37.1g	2.5g	0.3g	60.0g	0.1g

① 約168kJ

② 約685kJ

③ 約731kJ

④ 約1457kJ

【選択問題】（ 5 ・ 6 のどちらか1題を選び解答する）

5 ヒトの視覚と光について，問1〜問5に答えよ。

　　　外界から入ってきた光は眼の A を通過し，瞳孔で光量が調節される。光は， B で
(a)
屈折し，網膜の視細胞で受容され視覚情報となる。視覚情報は視神経を経由して脳に伝わる。脳
(b)　　　　　　　　　　　　　　　　　　　　　　　　　　　　　(c)
では眼で見た物体は何であるか認識され，同時に様々な情報が処理される。このとき感覚器が異
常を起こしていないにもかかわらず，事実とは異なる感覚を生じることがある。
(d)

問1　文中の A ， B に入る語句の組合せとして適切なものを，次の①〜④のうちか
ら一つ選べ。解答番号は 11 。

	A	B
①	角　膜	水晶体
②	角　膜	ガラス体
③	脈絡膜	水晶体
④	脈絡膜	ガラス体

問2　下線部瞳孔で光量が調節されるについて，この調節にかかわる構造として適切なものを，
(a)
次の①〜④のうちから一つ選べ。解答番号は 12 。

① 毛様体

② 虹　彩

③ チン小帯

④ 強　膜

問3　下線部視細胞には錐体細胞と桿体細胞の2種類がある。錐体細胞のはたらきについて説明
(b)
する文として適切なものを，次の①〜④のうちから一つ選べ。解答番号は 13 。

① 光の強弱のみを感知し，主に明所ではたらく。

② 光の強弱のみを感知し，主に暗所ではたらく。

③ 光の色を感知し，主に明所ではたらく。

④ 光の色を感知し，主に暗所ではたらく。

問4　図は上から見た右眼球の水平断面である。下線部視神経が，網膜から出て脳に向かう位置
(c)
として適切なものを，下の①～④のうちから一つ選べ。解答番号は　14　。

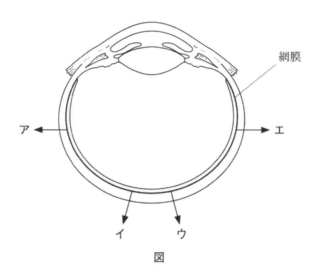

網膜

ア ← 　→ エ

↓ ↓
イ 　ウ

図

① ア

② イ

③ ウ

④ エ

問5　下線部事実とは異なる感覚を生じるの現象として適切なものを，次の①～④のうちから一
(d)
つ選べ。解答番号は　15　。

① 光屈性

② 明順応

③ 光反射

④ 錯　視

【選択問題】（ 5 ・ 6 のどちらか1題を選び解答する）

6 　食品と微生物の関わりについて，問1～問5に答えよ。

問 1 　次は腐敗を説明する文である。文中の ア ， イ に入る語句の組合せとして最も
適切なものを，下の①～④のうちから一つ選べ。解答番号は 11 。

微生物が主に酸素を ア ，食品に含まれる主に イ を分解している。

	ア	イ
①	使用して	脂 肪
②	使用せずに	脂 肪
③	使用して	タンパク質
④	使用せずに	タンパク質

問 2 　食品の保存に関する説明として誤っているものを，次の①～④のうちから一つ選べ。
解答番号は 12 。

① 加熱することで食品に含まれる微生物を減らし，微生物の活動を抑えている。

② 乾燥させることで食品に含まれる水分を減らし，微生物の活動を抑えている。

③ 酢漬けにすることで食品をアルカリ性にし，微生物の活動を抑えている。

④ 塩漬けにすることで食品に含まれる水分を減らし，微生物の活動を抑えている。

ヨーグルトは，次の手順でつくられる。

> 1．熱湯で消毒したガラス瓶に市販の未開封の牛乳1Lを入れる。
> 2．牛乳に市販のプレーンヨーグルトを大さじ1杯入れ，よく混ぜる。
> 3．ガラス瓶に入った牛乳を一晩発酵させるとヨーグルトができる。

問3 牛乳を発酵させる環境として最も適切なものを，次の①～④のうちから一つ選べ。
解答番号は　13　。

① ガラス瓶にふたをして，冷蔵庫(4℃)で発酵させる。

② ガラス瓶にふたをして，40℃に設定した恒温器で発酵させる。

③ ガラス瓶にふたをせずに，冷蔵庫(4℃)で発酵させる。

④ ガラス瓶にふたをせずに，40℃に設定した恒温器で発酵させる。

問4 ヨーグルトは，微生物である乳酸菌が牛乳に含まれる物質を分解し，乳酸が生成することでつくられる。乳酸菌が乳酸を生成する物質として正しいものを，次の①～④のうちから一つ選べ。解答番号は　14　。

① 脂　肪

② 炭水化物

③ タンパク質

④ カルシウム

問5 ヨーグルト以外に乳酸菌のはたらきによりつくられる発酵食品として正しいものを，次の①～④のうちから一つ選べ。解答番号は　15　。

① かつお節

② パ　ン

③ チーズ

④ ワイン

【選択問題】（ 7 ・ 8 のどちらか1題を選び解答する）

7　天体の運動について，問1〜問5に答えよ。

問1　図1のように太陽や恒星は天球を1日で1回転している。その説明として最も適切なもの
を，下の①〜④のうちから一つ選べ。解答番号は　16　。

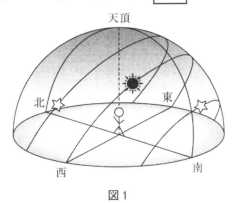

図1

① 地球が東から西に向かって自転しているため。

② 地球が西から東に向かって自転しているため。

③ 太陽や恒星が地球の周囲を東から西に向かって公転しているため。

④ 太陽や恒星が地球の周囲を西から東に向かって公転しているため。

問2　ある恒星の南中高度を示すものとして正しいものを，次の①〜④のうちから一つ選べ。
解答番号は　17　。

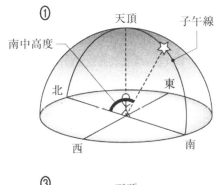

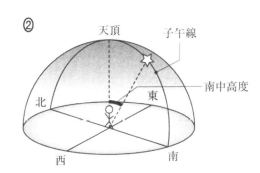

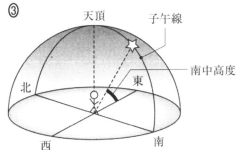

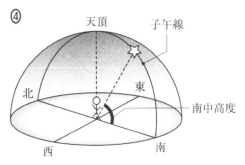

令
和
5
年
度
第
1
回
試
験

問3 星座を形づくる恒星は天球上を1年で1周する。この運動を説明する次の文中の A ，
B に入る語句の組合せとして適切なものを，下の①～④のうちから一つ選べ。
解答番号は 18 。

星座を形づくる恒星は，同時刻では，1日に約1°ずつ A へ移動する。このような
現象が起こるのは B によるものである。

	A	B
①	西から東	地球の公転
②	西から東	地球の自転
③	東から西	地球の公転
④	東から西	地球の自転

問4 図2は太陽と季節ごとの地球の位置，さらにそれぞれの季節に地球から見られる星座を示
している。地球が冬至の位置にあるとき，夜中の南の空に見られる星座として適切なもの
を，下の①～④のうちから一つ選べ。解答番号は 19 。

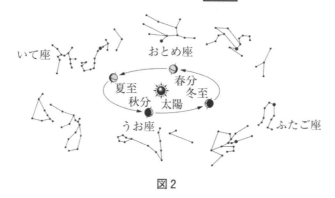

図2

① おとめ座

② いて座

③ うお座

④ ふたご座

問5 2020年はうるう年であった。うるう年をおく理由の説明として最も適切なものを，次
の①～④のうちから一つ選べ。解答番号は 20 。

① 地球の公転周期は365日より少し長いため。

② 太陰暦と太陽暦の差を補正するため。

③ 地球が太陽の周囲を公転する速さが変化するため。

④ 地球の自転速度が徐々に遅くなっているため。

【選択問題】（ 7 ・ 8 のどちらか1題を選び解答する）

8 日本列島における地震について，問1～問5に答えよ。

　　平成7年(1995年)1月17日に兵庫県を中心とした兵庫県南部地震が発生した。この地震は，
震源が浅く地表面に近かったため，激しい揺れが地上を襲って大きな被害をもたらした。また，
この地震による揺れは，広い範囲で観測された。図は，中部地方の地点Aで観測された地震の記
録である。

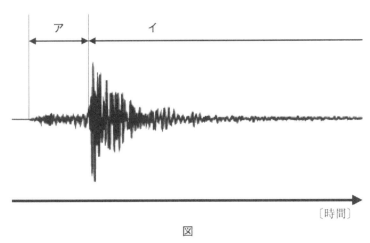

図

問1　図のアの揺れの名称とイの揺れをつくる地震波の組合せとして適切なものを，次の①～④
　　のうちから一つ選べ。解答番号は　16　。

	アの揺れの名称	イの揺れをつくる地震波
①	主要動	P　波
②	主要動	S　波
③	初期微動	P　波
④	初期微動	S　波

問2　この地震で，別の地点Bでも揺れが観測され，その揺れの始まりは，地点Aよりも早い時
　　刻であった。地点Bの特徴として最も適切なものを，次の①～④のうちから一つ選べ。
　　解答番号は　17　。
　　①　震源は地点Aより遠く，アの揺れの時間は地点Aより短い。
　　②　震源は地点Aより遠く，アの揺れの時間は地点Aより長い。
　　③　震源は地点Aより近く，アの揺れの時間は地点Aより短い。
　　④　震源は地点Aより近く，アの揺れの時間は地点Aより長い。

令和5年度第1回試験

問3　この地震が発生した仕組みの説明として最も適切なものを，次の①～④のうちから一つ選べ。解答番号は　18　。

① 海洋プレートと大陸プレートの境界にひずみがたまることで地震が発生した。

② 海洋プレートが大陸プレートを押す力によって断層が生じて地震が発生した。

③ 海洋プレート内に破壊が生じて地震が発生した。

④ 海洋プレートが地下深くから上昇し，新たなプレートができることで地震が発生した。

問4　地震が発生すると地表面付近では様々な現象が見られる。地震によって見られる現象として適切なものを，次の①～④のうちから一つ選べ。解答番号は　19　。

① 溶岩流

② 火砕流

③ 液状化現象

④ フェーン現象

問5　地震は大きな被害をもたらすことがあるため，過去の被害や最新の研究をもとに地域の被害予測を示し，広く住民に知らせている。被害予測をまとめて示したものとして適切なものを，次の①～④のうちから一つ選べ。解答番号は　20　。

① 避難所地図

② ハザードマップ

③ 地震動予測図

④ 緊急地震速報

令和5年度 第1回

解答・解説

令和５年度　第１回　高卒認定試験

【　解　答　】

1	解答番号	正答	配点	2	解答番号	正答	配点	3	解答番号	正答	配点	4	解答番号	正答	配点
問1	1	②	5	問1	1	②	5	問1	6	④	5	問1	6	②	5
問2	2	④	5	問2	2	③	5	問2	7	①	5	問2	7	①	5
問3	3	②	5	問3	3	④	5	問3	8	④	5	問3	8	④	5
問4	4	①	5	問4	4	③	5	問4	9	②	5	問4	9	③	5
問5	5	③	5	問5	5	④	5	問5	10	②	5	問5	10	②	5

5	解答番号	正答	配点	6	解答番号	正答	配点	7	解答番号	正答	配点	8	解答番号	正答	配点
問1	11	①	5	問1	11	④	5	問1	16	②	5	問1	16	④	5
問2	12	②	5	問2	12	③	5	問2	17	④	5	問2	17	③	5
問3	13	③	5	問3	13	②	5	問3	18	③	5	問3	18	②	5
問4	14	②	5	問4	14	②	5	問4	19	④	5	問4	19	③	5
問5	15	④	5	問5	15	③	5	問5	20	①	5	問5	20	②	5

【　解　説　】

1

問1　反射角は光を反射した薄い金属フィルムに対する垂線と反射光のなす角度です。また、屈折角は光が屈折する境界面に対する垂線と屈折光のなす角度になります。図１でこれに該当するのは、反射角がア、屈折角はエになります。したがって、②が正解となります。
解答番号【1】：②　⇒ 重要度A

問2　白色光には、赤や緑などさまざまな波長の色が含まれています。プリズムに入射した光は波長の違いにより屈折のしかたが変わります。そのため光がプリズムを出るときに光の分散が始まります。波長の短い青い光は、プリズムによって曲げられやすく、波長の長い赤い光は、プリズムによって曲げられにくい性質をもちます。スクリーンに現れたスペクトルでは、左側ほど曲げられやすい光が見られ、右側ほど曲げられにくい光が見られます。したがって、④が正解となります。
解答番号【2】：④　⇒ 重要度B

問3　次の図のように光がはじめに反射されるときの入射角が60°であるなら、反射角も60°になります。ここで反射された光が次の平面鏡に向かう入射角は30°になるので、

その反射角も 30°になります。

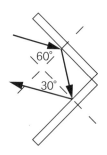

したがって、②が正解となります

解答番号【3】：②　　⇒ 重要度A

問4　光は波としての性質をもっているので、2つの波が重なり合った際に、その振幅が足し合わされ、強めあったり弱めあったりします。これが光の干渉と呼ばれる現象です。ヤングの実験では、スクリーンに明暗の縞模様が現れますが、これが光の干渉によるものです。ただし、光の波長は非常に短いため S_1、S_2 の間隔が 0.1mm 程度以下にならないと明暗の縞模様は観察されにくくなってしまいます。したがって、①が正解となります。

解答番号【4】：①　　⇒ 重要度B

問5　①波長の長い電波は障害物の背後に回り込みやすく、多少の障害物があっても進行することができます。②電磁波は、波長の長い順に電波、赤外線、可視光線、紫外線、X線、ガンマ線などとなります。紫外線は可視光線よりも波長が短くなります。④選択肢②の解説のとおり、赤外線は電波よりも波長が短くなります。したがって、③が正解となります。

解答番号【5】：③　　⇒ 重要度B

2

問1　物質が固体から液体に変わるときには融解熱、液体から気体に変わるときには蒸発熱といわれる熱が物質に使われます。物質を状態変化しない程度に加熱すると、温度の上昇にともない、分子の振動や運動が活発になります。これを熱運動といいます。熱膨張は熱運動に関係しており、温度が高くなるほど構成分子や原子間が広くなり、体積が膨張することを指します。したがって、正解は②となります。

解答番号【1】：②　　⇒ 重要度B

問2　状態変化では、加えた熱がすべて状態変化に使われるため温度が一定になります。例えば、水の沸点は100℃であり、熱を加えてもそれ以上温度は上昇しません。したがって、正解は③となります。

解答番号【2】：③　　⇒ 重要度A

問3　物質の熱容量は、質量に比例して大きくなります。しかし、質量や体積が同じでも、物質が異なると、温まる速さに差がでます。これは物質により比熱（比熱容量）が異なるためです。比熱とは、物質1gの温度を1℃上昇させるために必要な熱量のことであり、比熱が大きいと温まりにくく、比熱が小さいと温まりやすいといえます。したがって、正解は④となります。

解答番号【3】：④　　⇒ **重要度A**

問4　50gの水が20℃から50℃へ30℃ほど上昇しているので、t秒間水に加えた熱量は、50×4.2×30で求めることができます。したがって、正解は③となります。

解答番号【4】：③　　⇒ **重要度B**

問5　熱効率eは熱機関の性能を表現する概念で、e＝W／Q（W：熱機関の仕事、Q：熱機関が受け取る熱量）と表わされます。永久機関は外部からエネルギーを受け取ることなく、外部に対して永久に仕事を行い続ける装置のことです。永久機関は、eが1（熱効率100％）となる熱機関ですが、摩擦熱の発生などによって、エネルギーを100％仕事に変換できないことから、このような装置は実現不可能とされています。したがって、④が正解となります。

解答番号【5】：④　　⇒ **重要度A**

3

問1　金属の性質は、特有の光沢があり、熱伝導性、電気伝導性に優れていることです。また、たたくと薄く広がる（展性）、引っ張ると細長く延びる（延性）のも金属の特徴といえます。bについて、自由に動き回れるのは陽子ではなく電子です。cについて、電解質とは水に溶けると電気を通す物質のことで、金属以外の物質にもあります。したがって、④が正解となります。

解答番号【6】：④　　⇒ **重要度A**

問2　溶融塩電解は、イオン化傾向が大きく水溶液では析出しないアルミニウムやナトリウムなどの生産に利用されます。電解精錬は主に銅の精錬に用いられます。したがって、①が正解となります。

解答番号【7】：①　　⇒ **重要度B**

問3　①溶鉱炉内でコークスが燃えると、一酸化炭素を生じます。これを繰り返し鉄の酸化物である鉄鉱石を還元することで銑鉄が得られます。鋼は鉄に炭素を混ぜた合金です。②鉄の製錬では、電気分解は利用されません。③アルミニウムではなく、鉄の製錬に関する内容です。したがって、正解は④となります。

解答番号【8】：④　　⇒ **重要度B**

問4　①ジュラルミンはアルミニウムと銅、マグネシウムなどによるアルミニウム合金の一種です。③ステンレス鋼は鉄とニッケル、クロムなどの合金です。④青銅（ブロンズ）はスズを含む合金です。したがって、正解は②となります。

解答番号【9】：②　　⇒ **重要度A**

問5　スチール缶は鉄スクラップとして、製鉄工場で製鉄原料として使用され、他の鉄スクラップと一緒にまず鉄に戻されます。そのあと、スチール缶や自動車、建材、鉄道、船舶の材料にリサイクルされます。したがって、②が正解となります。

　　　解答番号【10】：②　　⇒ **重要度B**

4

問1　私たちの主食となる穀類やいも類などには、糖類からなる炭水化物が多く含まれています。したがって、②が正解となります。

　　　解答番号【6】：②　　⇒ **重要度A**

問2　Bはタンパク質になります。タンパク質を構成するアミノ酸は、炭素原子にアミノ基、カルボキシル基、水素原子などが結合したものです。2個のアミノ酸の間でアミノ基とカルボキシル基が結合した状態をペプチド結合といい、ペプチド結合が数十以上連なって、特定の立体構造を持つようになったものがタンパク質です。したがって、正解は①となります。

　　　解答番号【7】：①　　⇒ **重要度B**

問3　Cは脂質になります。①ヨウ素デンプン反応とは、炭水化物の一種であるデンプンを検出する反応です。②炭水化物の構成単位であるグルコースについての説明です。③脂質の一種である油脂は「油」と「脂肪」に分けられます。常温で液体のものを油、固体のものを脂肪といいます。したがって、④が正解となります。

　　　解答番号【8】：④　　⇒ **重要度B**

問4　バターは約80％が脂質によって構成されています。そのためタンパク質の変性とはあまり関係ありません。中には乳酸菌を用いた発酵によりつくられるものもあります。したがって、③が正解となります。

　　　解答番号【9】：③　　⇒ **重要度A**

問5　表の数値を用いて計算すると、$(37.1 + 2.5) \times 17 + 0.3 \times 38 = 684.6$ となり、約685kJ となります。したがって、②が正解となります。

　　　解答番号【10】‧②　　⇒ **重要度A**

5

問1　外界から入ってきた光は眼の角膜を通過し、瞳孔で光量が調節されます。光は水晶体で屈折し、網膜の視細胞で受容され視覚情報になります。したがって、正解は①となります。

　　　解答番号【11】：①　　⇒ **重要度B**

問2　眼球の色がついている部分を虹彩、その真ん中にある、通常「黒目」と呼ばれている部分を瞳孔といいます。普通はこの瞳孔が大きくなったり小さくなったりしているように見えますが、実際には虹彩が伸び縮みをして、光の量を調整しています。カメラに例

えると虹彩は絞りに相当します。したがって、正解は②となります。

解答番号【12】：②　　⇒ 重要度B

問3　錐体細胞は明るい場所で色を認識することができますが、暗い場所ではそのはたらきが低下してしまいます。桿体細胞は色を区別できませんが、わずかな光でも感知できるので、主に暗い場所ではたらきます。したがって、③が正解となります。

解答番号【13】：③　　⇒ 重要度A

問4　視神経は眼球の後ろ側の網膜から出て脳に向かいます。視神経が向かう方向は頭部の中心になるので、右眼球の場合は、眼球の後ろ側の左よりの位置からのびています。したがって、②が正解となります。

解答番号【14】：②　　⇒ 重要度A

問5　①光屈性は植物の葉や茎が光の方向に屈曲する性質です。②明順応は暗いところから明るいところに出たときに、視覚を確保するため一定の時間をかけて明るさに慣れることを指します。③光反射は言葉どおり、光が鏡などで反射する性質のことです。④錯視は目の錯覚のことで、目で見たとき実際とは違って感じられる心理的現象です。したがって、④が正解となります。

解答番号【15】：④　　⇒ 重要度A

6

問1　腐敗とは、タンパク質や窒素を含む化合物を微生物が酸素を使わずに分解し、悪臭などを生じたり、有害物質をつくり出す現象を指します。したがって、正解は④となります。

解答番号【11】：④　　⇒ 重要度B

問2　お酢は、ピクルスやらっきょう漬けなどの保存食にも使われるほど防腐力・殺菌力の高い調味料です。お酢の主成分である酢酸は強い酸性であるため、強酸性の環境では細菌や微生物は増えることができません。酢漬けにすることで食品を酸性にし、微生物の活動を抑えることができます。したがって、③が正解となります。

解答番号【12】：③　　⇒ 重要度B

問3　牛乳を発酵してつくられるヨーグルトは、乳酸発酵を利用しています。乳酸発酵を行うには、無酸素の状態で、温度を40℃程度に保つ必要があります。ガラス瓶にふたをして、40℃に設定した恒温器で発酵させるのが正しい方法です。したがって、②が正解となります。

解答番号【13】：②　　⇒ 重要度B

問4　乳酸とは、解糖系と呼ばれる代謝経路で糖質が分解されたときに発生する物質であり、食品など体外にも存在しています。人の体内では、筋肉中でエネルギーをつくるときにグリコーゲンという糖が分解されたときに生成されます。糖質は炭水化物から食物繊維を除いた栄養素の総称です。したがって、正解は②となります。

解答番号【14】：②　　⇒ 重要度B

問5　かつお節は麹菌、パンやワインは酵母のはたらきによりつくられます。したがって、正解は③となります。

解答番号【15】：③　　⇒ **重要度A**

7

問1　太陽や恒星は天球を1日で東から西へ1回転しています。これは地球が自転することによるもので、地球の動きはこれとは逆に西から東へ回転しています。したがって、正解は②となります。

解答番号【16】：②　　⇒ **重要度A**

問2　南中高度とは、天体が真南の位置にきたとき、その方向の水平線と南中時の天体によってつくられる角度のことです。その角度は、観測者がいる場所の緯度によって変わります。したがって、正解は④となります。

解答番号【17】：④　　⇒ **重要度A**

問3　恒星は、同時刻では1日に約1°ずつ東から西へ移動します。この動きは地球の公転によるもので、星座の位置が季節によって変わったり、見えなくなったりするのはこのためです。したがって、正解は③となります。

解答番号【18】：③　　⇒ **重要度A**

問4　地球が冬至の位置にあるとき、夜中の南の空に見られる星座は、地球の夜の側で太陽と真反対の方向にある星座です。図2において、それに該当するのはふたご座になります。したがって、正解は④となります。

解答番号【19】：④　　⇒ **重要度A**

問5　地球の公転周期はおよそ365.26日です。これは1年の日数である365日よりも少し長いため、4年でおよそ1日ほどのずれが生じます。このずれを調節するのがうるう年であり、この年の暦は1年の日数を366日にしています。したがって、正解は①となります。

解答番号【20】：①　　⇒ **重要度A**

8

問1　アは地震が発生してから最初に到達する地震波による揺れで、これを初期微動といいます。イはそれより少し遅れて到達する地震波によるもので主要動といいます。初期微動はP波、主要動はS波による揺れになります。したがって、正解は④となります。

解答番号【16】：④　　⇒ **重要度A**

問2　地震の揺れは、おおむね一定の速度で伝わる地震波がその場所に到達することによって観測することができるので、揺れの始まりが早かった地点Bは、地点Aよりも震源が近いと考えられます。また、初期微動継続時間は、震源との距離に比例するので、この

距離が地点Aより短い地点Bでは時間が短くなります。したがって、正解は③となります。

解答番号【17】：③　　⇒ 重要度A

問3　阪神・淡路大震災を引き起こした兵庫県南部地震は、プレート境界型の地震で、海洋プレートが大陸プレートを押す力によって断層が生じて発生した地震です。したがって、正解は②となります。

解答番号【18】：②　　⇒ 重要度A

問4　溶岩流と火砕流は火山噴火によって起こる現象です。フェーン現象は季節風の影響により発生します。液状化現象とは、地震が発生した際に地盤が液体状になる現象のことです。液状化は、主に同じ成分や同じ大きさの砂からなる土が、地下水で満たされている場合に発生しやすいといわれています。したがって、③が正解となります。

解答番号【19】：③　　⇒ 重要度A

問5　過去の被害や最新の研究をもとに地域の被害予測を示し、広く住民に知らせているのはハザードマップです。避難所地図は、災害による危険がせまったとき、自治体が指定した避難場所を探すための地図です。地震動予測図は、将来地震による強い揺れに見舞われる可能性を確率などで表したものです。緊急地震速報は、震源に近い地震計でとらえたP波をもとに各地の強い揺れの到達時刻や震度を予測して知らせます。したがって、②が正解となります。

解答番号【20】：②　　⇒ 重要度A

令和４年度 第２回
高卒認定試験

科学と人間生活

解答時間　50分

1 【選択問題】　1 ・ 2 のどちらか1題，　3 ・ 4 のどちらか1題，　5 ・ 6 のどちらか1題，　7 ・ 8 のどちらか1題の計4題を選んで，解答する問題番号を記入及びマークした上で，解答すること。5題以上にわたり解答した場合は採点できないので注意すること。

1 ・ 2 の解答番号は　1　から　5

3 ・ 4 の解答番号は　6　から　10

5 ・ 6 の解答番号は　11　から　15

7 ・ 8 の解答番号は　16　から　20

科 学 と 人 間 生 活

$$\left(\text{解答番号}\ \boxed{1}\ \sim\ \boxed{20}\right)$$

【選択問題】（ $\boxed{1}$ ・ $\boxed{2}$ のどちらか1題を選び解答する）

$\boxed{1}$ 光の性質について，問1〜問5に答えよ。

問1 次の文中の $\boxed{\text{A}}$ ， $\boxed{\text{B}}$ に当てはまる語句の組合せとして正しいものを，下の①〜④のうちから一つ選べ。解答番号は $\boxed{1}$ 。

テレビなどのディスプレイは赤(red)・緑(green)・青(blue)の3色の光の組合せで，すべての色を表現している。この3色を $\boxed{\text{A}}$ と呼ぶ。3色のLED（発光ダイオード）を同じ強さで光らせ，図1のように3色が重なるようにスクリーンに映すとき，赤・緑・青の光が重なった部分（図1の斜線部分）は $\boxed{\text{B}}$ に見える。

図1

	A	B
①	光の三原色	白 色
②	光の三原色	黒 色
③	色の三原色	白 色
④	色の三原色	黒 色

直角三角形のプリズムとレーザー光を用いて光の進み方を確かめた。はじめに図2(1)のようにプリズムの側面からレーザー光を入射させたところ，レーザー光は側面と底面で屈折して進んだ。

次に図2(2)のように側面に対して垂直になるようにレーザー光を入射したところ，レーザー光は底面で90°向きを変えて進んだ。

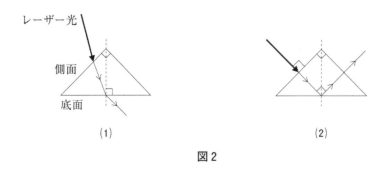

図2

問2　図3のようにレーザー光を入射させたとき，光が通る道筋として最も適切なものを，下の①～④のうちから一つ選べ。解答番号は　2　。

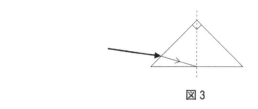

図3

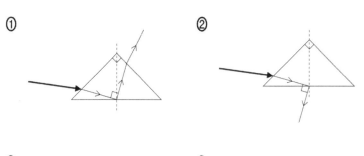

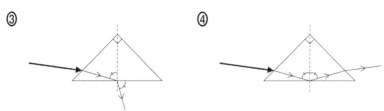

問 3　図 4 は双眼鏡を模式的に表したものである。図 4 の破線部に直角プリズムを 2 つ配置して光の道筋を変えるとき，直角プリズムの配置について最も適切なものを，下の①～④のうちから一つ選べ。解答番号は　3　。

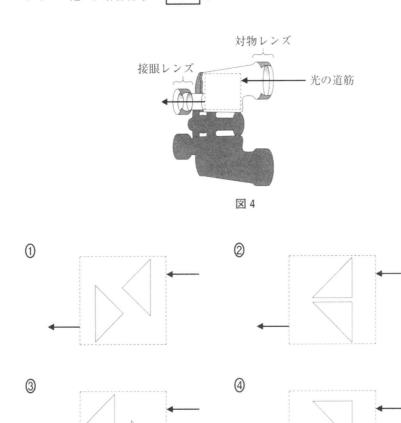

図 4

①

②

③

④

問 4　光の性質を利用した機器について説明した文として**適切でないもの**を，次の①〜④のうちから一つ選べ。解答番号は　4　。

① 鏡はガラスの裏面に金属の薄膜が張り付けられたものであり，物体から出た光を反射させて物体の像を見ることができる。

② 凸レンズはレンズの中心が外側に比べて薄くつくられており，物体よりも小さい正立の像を見ることができる。

③ 光ファイバーは外側と内側の屈折率が異なるため，光が内側を全反射して進むことができ，光通信などに用いられている。

④ 偏光板を用いると反射光を遮ることができるため，サングラスなどに用いられている。

問 5　図5のように直角三角形のプリズムに白色光を入射すると，スクリーン上のAからBにかけて連続的に分かれた色を見ることができた。観測された光の色の並び順として最も適切なものを，下の①〜④のうちから一つ選べ。解答番号は　5　。

図 5

① A → 紫 → 緑 → 黄 → 赤 → B

② A → 緑 → 紫 → 赤 → 黄 → B

③ A → 黄 → 赤 → 紫 → 緑 → B

④ A → 赤 → 黄 → 緑 → 紫 → B

【選択問題】（ [1] ・ [2] のどちらか1題を選び解答する）

[2] 熱について，問1〜問5に答えよ。

　図のように，下端を閉じた銅製の管の中に少量の水を入れて台に固定した木材に差し込み，管に巻きつけた太くて軽いひもの両端を人の手で交互に引いて，管の側面を強くこすると管と管の中に入れた水の温度が上昇した。

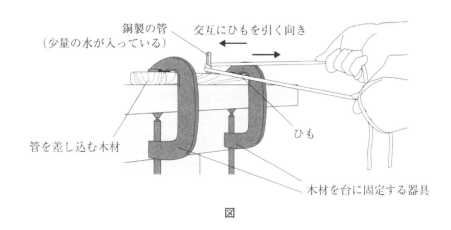

図

問1　この実験で，ひもで管の側面を強くこすったとき，管の温度が上昇したことを説明する文として最も適切なものを，次の①〜④のうちから一つ選べ。解答番号は　[1]　。

① 管からひもに熱が伝わった。

② 管が電磁波として熱を吸収した。

③ ひもの位置エネルギーが熱に変換された。

④ 管にされた仕事が熱に変わった。

問2　1gの水の温度を1K上昇させるのに4.2Jの熱量が必要である。このように，ある物質の温度を1gあたり1K上昇させるのに必要な熱量を示す用語として正しいものを，次の①〜④のうちから一つ選べ。解答番号は　[2]　。

① 比熱（比熱容量）

② 熱容量

③ 融解熱

④ 熱効率

問 3　管の中に 2.5 g の水を入れ，管に巻きつけたひもで管の側面をこすり続けたところ，管と，管の中の水の温度が共に 25 ℃ であった状態から 65 ℃ になった。このとき，1 g の水の温度を 1 K 上昇させるのに必要な熱量を 4.2 J とすると，水が得た熱量として最も適切なものを，次の①～④のうちから一つ選べ。解答番号は　3　。

① 683 J

② 420 J

③ 273 J

④ 100 J

問 4　管に巻きつけたひもを交互に引いて管の側面を 100 秒間こすり続けたところ，管の中の水は沸騰して吹きこぼれ始めた。この間にひもがした仕事の大きさを 600 J とするとき，ひもで管をこすったときの仕事率を表すものとして正しいものを，次の①～④のうちから一つ選べ。解答番号は　4　。

① 60000 W

② 60 W

③ 6 W

④ 0.6 W

問 5　電熱線のように電気抵抗のある物質に電流が流れると，電気エネルギーが変換されて熱が発生する。抵抗値 0.75 Ω の電熱線に 1.5 V の電圧で電流を流して，600 J の熱を発生させるまでにかかる時間として正しいものを，次の①～④のうちから一つ選べ。

解答番号は　5　。

① 120 秒

② 150 秒

③ 200 秒

④ 240 秒

【選択問題】（ 3 ・ 4 のどちらか1題を選び解答する）

3 金属について，問1〜問5に答えよ。

合金をつくろう

目的 複数種類の金属からなる合金をつくる。
          [a]   [b]

方法 (1)蒸発皿に金属Aの粉末を取り，水酸化ナトリウム水溶液を加える。

    (2)蒸発皿をガスバーナーで加熱し，溶液が沸騰したら金属Bを溶液の中に入れる。
               [c]

    (3)数分後，銀色になった金属Bを溶液から取り出し，水洗いする。

    (4)水気をふき取ったのち，銀色になった金属Bをガスバーナーで加熱する。

    (5)銀色になった金属Bが変色したら炎から取り出し，放冷する。

金属Aの粉末　水酸化ナトリウム水溶液

金属B

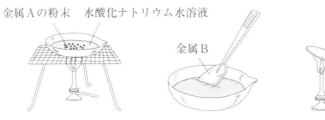

この方法で作成した合金は黄銅（しんちゅう）といい，硬貨などに利用されている。
   [d]

図1

問1 図1は合金に関する実験プリントの一部である。図1の下線部金属に共通する性質として
                                          [a]
    正しいものを，次の①〜④のうちから一つ選べ。解答番号は 6 。

    ① 酸に侵されやすく，塩酸や希硫酸に浸すと水素が発生する。

    ② 磁石に引き付けられる。

    ③ 固体はたたくと薄く広がり，引っ張ると細く伸びる。

    ④ 常温・常圧ですべて液体である。

問2 図1の下線部合金に関する記述として誤っているものを，次の①〜④のうちから一つ選
           [b]
    べ。解答番号は 7 。

    ① 青銅は銅を含む合金で，銅像などに使われる。

    ② 合金は単一の金属にはなかった性質をもつ。

    ③ ステンレス鋼は鉄にクロムとニッケルを加えた合金で，極めてさびにくい。

    ④ ボーキサイトはアルミニウムを含む合金で，丈夫で軽い。

問 3　図1の下線部ガスバーナーの使い方を説明した次の文中の　A　～　C　に当てはま
(c)
る記号や語句の組合せとして適切なものを，下の①～④のうちから一つ選べ。
解答番号は　8　。

　　図2の　A　のねじで空気の量を，　B　のねじでガスの量を調節できる。点火のと
きは，上下2つのねじが閉まっていることを確かめ，マッチに火をつけて，　B　のねじ
を少しずつ開いて点火する。火がついたら　A　のねじを　C　回りに回し，炎の色を
青色にしてから使用する。

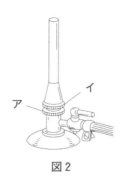

図 2

	A	B	C
①	ア	イ	時　計
②	ア	イ	反時計
③	イ	ア	時　計
④	イ	ア	反時計

問 4　図1の下線部この方法で作成した合金は黄銅（しんちゅう）といい，硬貨などに利用されて
(d)
いるについて，黄銅を作成する際に使用する2種類の金属と利用されている硬貨の組合せと
して適切なものを，次の①～④のうちから一つ選べ。解答番号は　9　。

	2種類の金属	利用されている硬貨
①	銅と亜鉛	5円玉
②	銅とスズ	5円玉
③	銅と亜鉛	100円玉
④	銅とスズ	100円玉

問 5　金属原子どうしの結合に関する記述として正しいものを，次の①~④のうちから一つ選べ。解答番号は　10　。

① 金属原子は互いに電子を共有して，共有結合をしている。

② 金属原子は自由電子により結び付いている。

③ 金属原子は陽イオンや陰イオンになり，その静電気力で結び付いている。

④ 金属原子は大きな分子を形成するように，互いに結合している。

【選択問題】（ 3 ・ 4 のどちらか１題を選び解答する）

4 繊維について，問１～問５に答えよ。

ナイロンをつくろう

目的　代表的な繊維であるナイロンをつくる。

方法　(1)ヘキサメチレンジアミンを薄い水酸化ナトリウム水溶液に溶かし，これをA液とする。

　　　(2)アジピン酸ジクロリドをヘキサンに溶かし，これをB液とする。

　　　(3)ビーカーにA液を入れ，その上に試験管に入れたB液を，ガラス棒を伝わらせて加える。

　　　(4)2つの溶液の境界にできた膜をピンセットでつまみ，試験管に巻き付けていく。

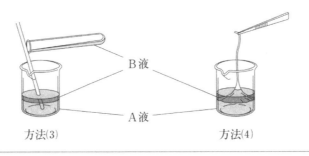

方法(3)　　　　　　　　　　　方法(4)

図1

問１　図1はナイロンについての実験プリントの一部である。このようにつくられる繊維である
　　　ナイロンの分類として正しいものを，次の①～④のうちから一つ選べ。解答番号は　6　。

① 動物繊維

② 半合成繊維

③ 合成繊維

④ 再生繊維

問2 ナイロンは，図2のように高温で溶かし，液体にして細孔（ノズル）から引き出されて繊維となる。このようにつくられるナイロンの特徴として最も適切なものを，下の①〜④のうちから一つ選べ。解答番号は 7 。

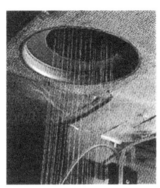

細孔（ノズル）から引き出されるナイロン

図2

① 表面にうろこ状のキューティクルが形成される繊維になる。

② 表面が滑らかで，繊維の横断面は同じ形状になる。

③ 繊維の横断面は同じ形状ではないが，いずれも中空構造で1本の長さが大変長い繊維になる。

④ 中空の構造になり，比較的短いマカロニ状の繊維になる。

問3 次の文中の A 〜 C に当てはまる語句の組合せとして正しいものを，下の①〜④のうちから一つ選べ。解答番号は 8 。

ナイロンは，主に A などに用いられる繊維であり，天然繊維である B に似た性質をもつ繊維である。ナイロンも B も， C である。

	A	B	C
①	ストッキングや魚網	絹	高分子化合物
②	毛布や和服	綿	付加重合化合物
③	毛布や和服	絹	付加重合化合物
④	ストッキングや魚網	綿	高分子化合物

問 4 　ポリエステル繊維(ポリエチレンテレフタラート)について述べた文として正しいものを，
次の①～④のうちから一つ選べ。解答番号は 　9　 。

① 　主に水と空気から合成される。

② 　ペットボトルから再生利用されることもある。

③ 　繊維自体が吸水性に富んでいる。

④ 　リサイクルされることがほとんどない。

問 5 　繊維の原料となるセルロースはグルコース(ブドウ糖)が重合した化合物である。セルロー
スに関連する文として**誤っているもの**を，次の①～④のうちから一つ選べ。
解答番号は 　10　 。

① 　麻はセルロースからなる天然繊維である。

② 　セルロースを溶かして再び繊維にしたものは再生繊維である。

③ 　デンプンもセルロースと同様にグルコース(ブドウ糖)が重合した化合物である。

④ 　半合成繊維の一種であるアクリル繊維は，セルロースを加工してつくられた繊維である。

【選択問題】（ 5 ・ 6 のどちらか1題を選び解答する）

5 ヒトの眼について，問1～問5に答えよ。

問1 外界からの光が眼の中に入り，網膜にとどくまでの経路を次に示す。 A ～ C に当てはまる語句として正しい組合せを，下の①～④のうちから一つ選べ。解答番号は 11 。

光 → A → B → C → 網膜

	A	B	C
①	瞳 孔	角 膜	水晶体
②	瞳 孔	水晶体	角 膜
③	水晶体	角 膜	瞳 孔
④	角 膜	瞳 孔	水晶体

問2 ヒトの眼の網膜にある黄斑と呼ばれる部位の特徴として正しいものを，次の①～④のうちから一つ選べ。解答番号は 12 。

① 光の色を感じる細胞が密に集まっている。

② 光の明るさを感じる細胞が密に集まっている。

③ 光の色を感じる細胞と明るさを感じる細胞の両方が密に集まっている。

④ 光の色を感じる細胞も明るさを感じる細胞もほとんど存在しない。

問3 次の文の D ， E に当てはまる語句や数値の組合せとして正しいものを，下の①～④のうちから一つ選べ。解答番号は 13 。

ヒトの網膜には，光の色を感じる細胞が3種類あり，それは D と呼ばれる。 D は，光の色によって細胞の反応の強さが変わり，それを脳がいろいろな色と認識する。またそれとは別に，光が弱い環境で働き，光の強さ(明暗)のみを感じる細胞が E 種類ある。こちらの細胞は，光の強さに応じて，脳内に光の強さ(明暗)を感じさせる。

	D	E
①	錐体細胞	1
②	錐体細胞	3
③	桿体細胞	1
④	桿体細胞	3

問4 図1は，問3の ☐D☐ の光の色（波長）に対する反応の大きさ（吸収率）を示したものである。テレビの画面を見ていたヒトが，画面から黄色を感じた。このとき，テレビ画面の黄色に対して，反応している ☐D☐ の組合せとして正しいものを，下の①〜④のうちから一つ選べ。解答番号は ☐14☐ 。

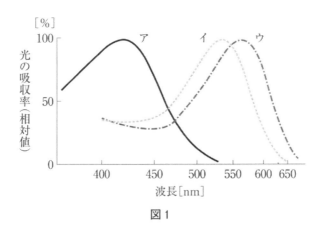

図1

① アとイ

② アとウ

③ イとウ

④ アとイとウ

問5 図2の右側の✕印を左右どちらかの眼の正面におき，もう一方は目を閉じて顔との距離を調節すると，ある距離で左側の●印の像が盲斑上に結ばれる。この方法で盲斑の存在を調べた結果として正しいものを，下の①〜④のうちから一つ選べ。解答番号は ☐15☐ 。

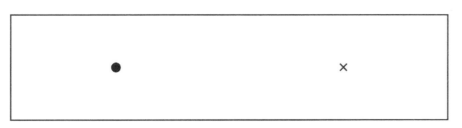

図2

① 右眼の盲斑の存在が確かめられる。

② 左眼の盲斑の存在が確かめられる。

③ 左右どちらの眼でも盲斑の存在が確かめられる。

④ 左右どちらの眼でも盲斑の存在は確かめられない。

【選択問題】（ 5 ・ 6 のどちらか1題を選び解答する）

6 地球上には多くの微生物が存在し，私たちの生活と深いつながりをもっている。これらの微生物について，問1～問5に答えよ。

図は，朝食のメニューの例として和食と洋食を示したものである。これらの朝食メニューに使われている食品には，製造過程で発酵が関わっているものがある。

図

問1 図に示された食品の発酵に関する記述として最も適切なものを，次の①～④のうちから一つ選べ。解答番号は 11 。

① 発酵食品が和食にはあるが，洋食にはない。

② みそ汁のみそ製造には複数の種類の微生物が関わっている。

③ 厚焼き玉子とソーセージはともに発酵食品である。

④ 和食の白米と洋食のパンはどちらも発酵食品ではない。

問2 納豆のねばねばした部分をスライドガラスに少量とり，染色液をたらし，光学顕微鏡で観察した。観察できたものとして正しいものを，次の①～④のうちから一つ選べ。

解答番号は 12 。

① カ ビ

② ウイルス

③ 細 菌

④ 酵 母

問３　酵母は，ビールやワインなどの製造過程の発酵にかかわる代表的な微生物である。酵母が行うアルコール発酵の反応前の物質と反応後の生成物の組合せとして最も適切なものを，次の①～④のうちから一つ選べ。解答番号は　13　。

	反応前の物質	反応後の生成物
①	エタノール	水　　二酸化炭素
②	グルコースなど	エタノール　　二酸化炭素
③	エタノール	グルコース　　二酸化炭素
④	グルコースなど	エタノール　　アミノ酸

問４　バイオテクノロジーの発達とともに，遺伝子組換え技術を使った微生物利用が行われている。ヒトのインスリン生産に関わる微生物として最も適切なものを，次の①～④のうちから一つ選べ。解答番号は　14　。

① 乳酸菌

② シアノバクテリア

③ カ　ビ

④ 大腸菌

問５　微生物やウイルスが原因の感染症の流行は，過去に幾度となく発生し，人々の生活に大きな影響を与えてきた。流行を引き起こす感染症の予防への対策として一般的に効果が認められ，広く行われている手法は何か。最も適切なものを，次の①～④のうちから一つ選べ。解答番号は　15　。

① 天敵などによる生物防除

② 定期的な健康診断

③ 自然界への大量の殺菌剤散布

④ ワクチン接種

【選択問題】（ 7 ・ 8 のどちらか1題を選び解答する）

7 日本の地形や景観，災害に関する文章を読み，問1～問5に答えよ。

　　日本の降水量は季節ごとの変動が激しく，梅雨期と台風期に集中している。日本には年平均約
(a)
1700 mmの降水があり，これらの降水は河川となって大地を侵食し，土砂を運搬して地形をつ
(b)
くる。日本列島の景観は，河川や降水による働きと，火山や地震などの地殻変動によって形づく
られたものである。

問1　下線部台風に関し，日本に接近してくる台風に関する説明文として適切なものを，次の①
　　　(a)
　　　～④のうちから一つ選べ。解答番号は 16 。

　　① 南半球中緯度付近で発生し，貿易風の影響で日本付近に流されてくる。

　　② 台風は強い雨と激しい風による被害のみならず，沿岸部においては高潮による被害を発
　　　　生させることがある。

　　③ 台風が1年間でもっとも多く発生するのは4月である。

　　④ 台風は上陸しなければ，日本列島に大雨を降らせることはない。

問2　下線部河川に関して，図1は各地の川の水源の標高と，河口から水源までの距離を示した
　　　(b)
　　　ものである。ここから読み取れる情報として適切なものを，下の①～④のうちから一つ選
　　　べ。解答番号は 17 。

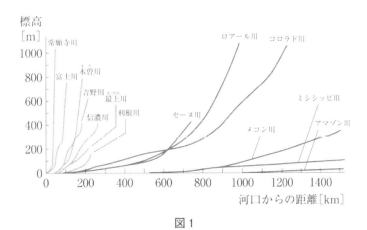

図1

　　① 日本の川は，他国の川と比べて急流である。

　　② 河口から水源までの距離は，利根川より木曽川の方が長い。

　　③ コロラド川に比べてメコン川の方が平均流速が大きい。

　　④ 常願寺川の水源の標高は吉野川の水源の標高よりも低い。

問3 平野部を流れる河川は，曲がった部分の外側と内側で流水から受ける力が異なるため，だんだんと蛇行するようになる。蛇行が進み，蛇行した部分が取り残されてできた地形の名称として適切なものを，次の①～④のうちから一つ選べ。解答番号は　18　。

① 扇状地

② カルデラ湖

③ 三日月湖

④ 氾濫原

問4 2011年3月に起きた東北地方太平洋沖地震を説明した次の文中の　ア　，　イ　に当てはまる語句の組合せとして最も適切なものを，下の①～④のうちから一つ選べ。
解答番号は　19　。

東北地方太平洋沖地震は，沈み込む海洋プレートである太平洋プレートと，大陸プレートである　ア　との間にひずみがたまったことで発生した。このように海溝付近で発生する地震はプレート境界地震と呼ばれ，ときに大きな津波を引き起こす。津波は沖合に比べて沿岸に近づいたとき，速度が遅くなり，また，波高が　イ　なる。

	ア	イ
①	北アメリカプレート	高 く
②	北アメリカプレート	低 く
③	ユーラシアプレート	高 く
④	ユーラシアプレート	低 く

　緊急地震速報は，震源付近で観測されたデータから，各地の強い揺れの到達時刻や震度を推定し，知らせるものである。**図２**はある地震が発生したときに，**地点Ａ，Ｂ，Ｃ**にある地震計で観測した地震の揺れを記録したものである。このとき**地点Ａ**で最初の地震波を観測してから 10 秒後に，**地点Ａ，Ｂ，Ｃ**にある受信機に緊急地震速報が伝えられた。

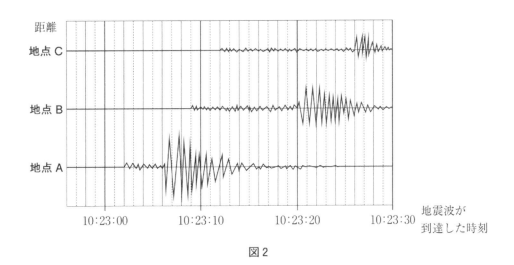

図２

問５　**図２**を参考にして，緊急地震速報に関する説明文として**適切でないもの**を，次の①〜④のうちから一つ選べ。解答番号は　20　。

　① **地点Ａ**において，緊急地震速報のために解析される地震波が到達したのは 10:23:02 である。

　② **地点Ｂ**において，緊急地震速報が伝えられたときにはすでに初期微動が始まっている。

　③ **地点Ｃ**において，大きな揺れが到達したのは緊急地震速報が伝えられてから 10 秒後である。

　④ 緊急地震速報は震源から遠い地点であるほど，大きな揺れから身を守る行動のための時間が得られる。

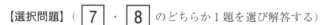

【選択問題】（ 7 ・ 8 のどちらか1題を選び解答する）

8 天体の運行と人間生活について，問1～問5に答えよ。

問1 次の暦に関する文中の A ， B に当てはまる語句の組合せとして正しいもの
を，下の①～④のうちから一つ選べ。解答番号は 16 。

古くから，天文現象を予報して，季節の移り変わりやそれに伴う行事の日を予告するもの
として，暦が使われてきた。エジプトでは太陽の動きを基準とした暦である A が使わ
れ，これを参考にして，紀元前45年にローマでは1年を365日とし，4年ごとにうるう年
を置く暦が制定された。その後，西暦年数が4で割り切れる場合はうるう年を入れるが，西
暦年数が100の倍数になる場合は，400の倍数でない限り，うるう年としないというルール
を設けた B が完成した。

	A	B
①	太陰太陽暦	グレゴリオ暦
②	太陽暦	グレゴリオ暦
③	太陰太陽暦	ユリウス暦
④	太陽暦	ユリウス暦

問2 暦だけでなく，時間や時刻に関することも天体の運行によって決めてきた。時間や時刻と
天体の運行の関係について適切なものを，次の①～④のうちから一つ選べ。
解答番号は 17 。

① 太陽を1時間ごとに観察すると，西から東に約15度天球上を移動して見える。

② 地球の自転周期は，公転の影響を受け，1太陽日より4分ほど長い。

③ 月の満ち欠けの周期は平均29.5日であるため，太陰暦では30日の月と29日の月を繰
り返した。

④ 天体の運行は常に一定であるため，現在も時間はすべて天体によって定められている。

問3 ある日の夕方，南の空を見ると，図1のような月を観測できた。この月の名称と7日後に観測した月の形の名称の組合せとして正しいものを，下の①〜④のうちから一つ選べ。解答番号は 18 。

図1

	名　称	7日後の月
①	上弦の月	満　月
②	上弦の月	新　月
③	下弦の月	満　月
④	下弦の月	新　月

問4 月の運行について適切なものを，次の①〜④のうちから一つ選べ。解答番号は 19 。

① 月の南中高度は常に一定であり，季節や満ち欠けに関係しない。

② 月の出は，満ち欠けが進むごとに，徐々に早まってくる。

③ 皆既月食は，満月のときに発生し，月の周りにはコロナが見られる。

④ 皆既日食は，月が太陽を全部隠してしまう現象であり，新月のときのみ起こる。

問5 図2は黄道とその付近で観察される星座を表したものである。秋分と秋分点の関係は図3のようになっており，その他の春分・夏至・冬至においても同様な関係である。地球で観察される星座について**適切でないもの**を，下の①～④のうちから一つ選べ。

解答番号は 20 。

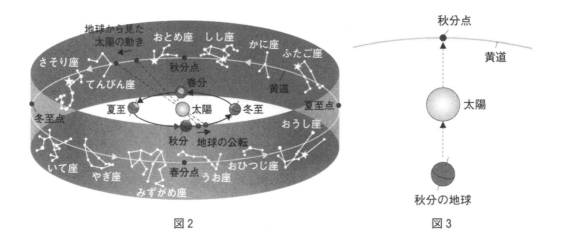

図2　　　　　　　　　　　　　　　　　図3

① 春分の日には，太陽がうお座の方向に位置している。

② 夏至の真夜中と，秋分の夕方には同じ星座が見える。

③ 秋分の日の真夜中には，おとめ座やしし座を観察することができる。

④ 冬至点付近の星座は，夏至点付近の星座に比べて南中高度が低い。

令和4年度 第2回

解答・解説

令和４年度　第２回　高卒認定試験

― 【　解　答　】 ―

1	解答番号	正答	配点	2	解答番号	正答	配点	3	解答番号	正答	配点	4	解答番号	正答	配点
問1	1	①	5	問1	1	④	5	問1	6	③	5	問1	6	③	5
問2	2	④	5	問2	2	①	5	問2	7	④	5	問2	7	②	5
問3	3	③	5	問3	3	②	5	問3	8	④	5	問3	8	①	5
問4	4	②	5	問4	4	③	5	問4	9	①	5	問4	9	②	5
問5	5	④	5	問5	5	③	5	問5	10	②	5	問5	10	④	5

5	解答番号	正答	配点	6	解答番号	正答	配点	7	解答番号	正答	配点	8	解答番号	正答	配点
問1	11	④	5	問1	11	②	5	問1	16	②	5	問1	16	②	5
問2	12	①	5	問2	12	③	5	問2	17	①	5	問2	17	③	5
問3	13	①	5	問3	13	②	5	問3	18	③	5	問3	18	①	5
問4	14	③	5	問4	14	④	5	問4	19	①	5	問4	19	④	5
問5	15	②	5	問5	15	④	5	問5	20	③	5	問5	20	③	5

― 【　解　説　】 ―

1

問1　赤・緑・青は光の三原色と呼ばれており、これらの色の光の組み合わせでさまざまな色の光をつくることができます。さらに、赤・緑・青の３色の光を均等に重ね合わせると白色光ができます。よって、Aには「光の三原色」、Bには「白色」が入ります。したがって、正解は①となります。

解答番号【1】：①　　⇒ 重要度A

問2　①について、入射光と反射光が直角となって反射するのは、プリズムの側面に対して垂直に入射させた場合のみであるため誤りです。②について、屈折光が法線よりも入射光側にあり、屈折の法則に反するため誤りです。③について、レーザー光が屈折してプリズムから出ていっていますが、90°－屈折角＝入射角となっており、屈折の法則に反するため誤りです。④について、プリズムに入射したレーザー光は一度全反射してからプリズムから出ていっています。この反射のとき、入射角と反射角が等しくなっており、反射の法則に則っています。したがって、正解は④となります。

解答番号【2】：④　　⇒ 重要度A

問3　入射角と反射角は等しくなる反射の法則に則り、入射光がどのように反射するかを考えて、それぞれの図に光の道筋を書いてみると、光の道筋がちょうど左側の矢印に重なるのは③のみだということがわかります。したがって、正解は③となります。

解答番号【3】：③　　⇒ 重要度B

問4　適切でないものを選びます。②について、これは凹レンズの説明であり、凸レンズの説明としては誤りです。したがって、正解は②となります。なお、凸レンズはレンズの中心が外側に比べて厚くつくられており、物体を実際よりも大きく見ることができます。

解答番号【4】：②　　⇒ 重要度A

問5　可視光線は紫・青・緑・黄・橙・赤の順に波長が長く、波長が長いほど屈折率は小さくなります。よって、光の色の並び順として最も適切なのは「A→赤→黄→緑→紫→B」です。したがって、正解は④となります。

解答番号【5】：④　　⇒ 重要度A

2

問1　ひもが管にした仕事が摩擦によって熱に変わったため、管の温度が上昇したと考えられます。したがって、正解は④となります。

解答番号【1】：④　　⇒ 重要度A

問2　ある物質1gの温度を1K（1℃）上昇させるのに必要な熱量を比熱といいます。したがって、正解は①となります。②について、熱容量とは、ある物体の温度を1K（1℃）上昇させるのに必要な熱量のことです。その物体が単一の物質からなるときは比熱と質量の積で表されます。③について、融解熱とは、融解点にある物質1gが固体から同じ温度の液体になるときに吸収する熱量のことです。④について、熱効率とは、熱機関において投入した熱量のうち、仕事に変わった熱量の割合のことです。

解答番号【2】：①　　⇒ 重要度A

問3　水の質量は2.5gで、温度は40℃上昇しているので、水が得た熱量は4.2J × 2.5g × 40℃ ＝ 420Jだとわかります。したがって、正解は②となります。

解答番号【3】：②　　⇒ 重要度A

問4　仕事率は単位時間（1秒）あたりにした仕事量で表されます。また、仕事率は仕事量W[J]を時間t[s]で割って求められます。設問文には100秒間で600Jの仕事をするとありますから、仕事率は600/100 ＝ 6Wです。したがって、正解は③となります。

解答番号【4】：③　　⇒ 重要度A

問5　抵抗によって電気エネルギーが変換されて発生する熱をジュール熱といいます。抵抗をR[Ω]、電流をI[A]、電圧をV[V]として、電流を1秒間流したとき、発生するジュール熱P[J/s]は、$P = VI = V^2/R$ より、1秒ごとに発生するジュール熱$P = 1.5V^2/0.75$ Ω ＝ 3Jとなります。よって、600Jの熱を発生させるには、600J/3J ＝ 200秒かかると

わかります。したがって、正解は③となります。

解答番号【5】：③　⇒ 重要度A

3

問1　金属には共通して3つの性質があります。磨くと光って金属光沢があること、叩いて伸ばしたり広げたりできる性質（展性・延性）があること、電気や熱が伝わりやすいことです。したがって、正解は③となります。①について、金など酸に反応しない金属もあるため誤りです。②について、アルミニウムなど磁石には引き付けられない金属もあるため誤りです。④について、常温・常圧で液体である金属は水銀のみのため誤りです。

解答番号【6】：③　⇒ 重要度A

問2　誤っているものを選びます。ボーキサイトは、合金ではなくアルミニウムの原料となる鉱石です。したがって、正解は④となります。

解答番号【7】：④　⇒ 重要度A

問3　ガスバーナーにある2つの調節ねじのうち、上のねじを空気調節ねじ、下のねじをガス調節ねじといいます。ねじを回す向きは両方とも反時計回りです。よって、Aには「イ」、Bには「ア」、Cには「反時計」が入ります。したがって、正解は④となります。

解答番号【8】：④　⇒ 重要度A

問4　黄銅は銅と亜鉛からなる合金で、5円硬貨に使われています。したがって、正解は①となります。なお、銅とスズからなる合金は青銅で、100円硬貨は銅とニッケルからなる白銅でできています。

解答番号【9】：①　⇒ 重要度A

問5　金属結合においては、電子金属の中を自由に移動できる自由電子が金属原子どうしを結び付けています。したがって、正解は②となります。①について、これは共有結合の説明ですが、金属原子どうしは共有結合をしていないため誤りです。③について、陽イオンと陰イオンの静電気的な力によるイオン結合の説明であるため誤りです。④について、金属原子は分子をつくらないため誤りです。

解答番号【10】：②　⇒ 重要度A

4

問1　ナイロンは、石油などを原料に重合という化学反応によって合成された繊維です。したがって、正解は③となります。合成繊維には、ナイロンのほか、ビニロンやアクリル繊維などがあります。また、半合成繊維にはアセテートなど、再生繊維にはレーヨンやキュプラなどがあります。

解答番号【6】：③　⇒ 重要度A

問2　①について、ウール（羊毛）の説明であるため誤りです。②について、ナイロンの説明として正しいです。③について、中空構造は麻や綿などの植物繊維（天然繊維）の特

徴であるため誤りです。④について、綿の説明であるため誤りです。したがって、正解は②となります。

解答番号【7】：②　　⇒ 重要度A

問3　ナイロンは絹の風合いをもつ合成繊維で、主にストッキングや魚網などに使われています。また、ナイロンは、原子が大量に共有結合してできた化合物である高分子化合物の一種です。よって、Aには「ストッキングや魚網」、Bには「絹」、Cには「高分子化合物」が入ります。したがって、正解は①となります。

解答番号【8】：①　　⇒ 重要度A

問4　ポリエステル繊維は、ペットボトルと同じくPET（ポリエチレンテレフタラート）を原料としてつくられていて再生利用することができます。したがって、正解は②となります。①について、ポリエステルは石油などが原料であるため誤りです。③について、ポリエステルは吸水性が低く速乾性がある素材であるため誤りです。④について、ポリエステルはリサイクルが可能で、リサイクルポリエステルとして再利用することができるため誤りです。

解答番号【9】：②　　⇒ 重要度A

問5　誤っているものを選びます。アクリル繊維は合成繊維の一種です。したがって、正解は④となります。

解答番号【10】：④　　⇒ 重要度A

5

問1　眼に入った光は、まず角膜を通り、次に虹彩に挟まれるかたちで存在する瞳孔を通ります。そして、瞳孔を通った光は、ピント調節を担う水晶体を通り、網膜に到達します。よって、Aには「角膜」、Bには「瞳孔」、Cには「水晶体」が入ります。したがって、正解は④となります。

解答番号【11】：④　　⇒ 重要度A

問2　網膜には、桿体細胞と錐体細胞という2種類の視細胞が存在します。桿体細胞は、光の強弱に応じた明暗を認識し、錐体細胞は色や形などを認識します。また、錐体細胞は、網膜にある黄斑に密に存在しています。したがって、正解は①となります。

解答番号【12】：①　　⇒ 重要度A

問3　問2の視細胞についての説明をふまえると、Dには「錐体細胞」が入ります。また、光の強さを感じる細胞は桿体細胞のみであるため、Eには「1」が入ります。したがって、正解は①となります。

解答番号【13】：①　　⇒ 重要度A

問4　人間の眼は、赤・緑・青の3色の光を認識し、この3色の強弱によってさまざまな色を感じ、波長の長さによって異なる色感覚を得ます。波長の長さは紫・青・緑・黄・燈・

赤の順に長くなりますから、「ア」は青色、「イ」は緑色、波長の長い「ウ」は赤色であることがわかります。また、設問文には「黄色を感じた」とあります。黄色は緑色と赤色の中間ですから、「イ」と「ウ」が反応したことがわかります。したがって、正解は③となります。

解答番号【14】：③　　⇒ 重要度A

問5　この実験においては、盲斑を調べるための●印が×印よりも左側にあるため、眼の中心よりも右側にある盲斑の存在しか確認できません。右眼の盲斑は眼の中心よりも左側にあり、左眼の盲斑は眼の中心より右側にあるため、この実験で盲斑の存在がわかるのは左眼のみです。したがって、正解は②となります。

解答番号【15】：②　　⇒ 重要度C

6

問1　みその製造過程には発酵という工程があり、発酵は酵母などの微生物のはたらきによって進みます。したがって、正解は②となります。①について、洋食にもイースト菌を使った発酵食品であるパンがあるため誤りです。③について、厚焼き玉子もソーセージも発酵食品ではないため誤りです。④について、パンは発酵食品であるため誤りです。

解答番号【11】：②　　⇒ 重要度A

問2　納豆は細菌の一種である納豆菌の発酵作用によってできている食品です。したがって、正解は③となります。

解答番号【12】：③　　⇒ 重要度A

問3　アルコール発酵では、その過程で酵母菌がグルコースなどの糖を消費し、エタノールと二酸化炭素を生成します。したがって、正解は②となります。①について、エタノールを水と二酸化炭素に分解するのはアルコール分解の反応であるため誤りです。③について、グルコースはエタノールよりも複雑な化合物であり、微生物が行う分解反応である発酵によってエタノールからグルコースが生成されることはないため誤りです。④について、グルコースにはないN（窒素）を含むアミノ酸がグルコースから生成されることないため誤りです。

解答番号【13】：②　　⇒ 重要度A

問4　バイオテクノロジーの進歩によって、遺伝子組み換え技術を使って、ヒトインスリン遺伝子を大腸菌に組み込み、大腸菌からヒトインスリンを抽出することが行われています。したがって、正解は④となります。①について、乳酸菌は腸内環境のバランスをとる微生物です。②について、シアノバクテリアは光合成を行う微生物です。③について、カビはチーズや鰹節などの食品の生産に利用される微生物です。

解答番号【14】：④　　⇒ 重要度B

問5　予防接種などのワクチン接種は感染症の予防策として広く行われています。したがって、正解は④となります。

解答番号【15】：④　　⇒ 重要度B

7

問1 ①について、日本に接近してくる台風の多くは、赤道付近の熱帯の海上で発生するため誤りです。②について、台風の説明として適切で正しいです。③について、台風が最も発生しやすいのは夏から秋にかけてであるため誤りです。④について、台風は上陸せずとも、大雨を日本列島にもたらすことがあるため誤りです。したがって、正解は②となります。

解答番号【16】：②　⇒ 重要度A

問2 図1から、日本の川は他国の川に比べて河口からの距離が短く、また標高が高いところから流れることがわかります。したがって、正解は①となります。②について、河口から水源までの距離は、利根川のほうが木曽川より長いため誤りです。③について、コロラド川のほうがメコン川より水源の標高が高く、かつ河口からの距離が短いため、コロラド川のほうが平均流速が大きいと考えられることから誤りです。④について、常願寺川の水源の標高は吉野川の水源の標高よりも高いため誤りです。

解答番号【17】：①　⇒ 重要度A

問3 河川の蛇行の結果として、蛇行した部分が取り残され池状に残った地形のことを三日月湖といいます。したがって、正解は③となります。①について、扇状地とは、川が山地から平地に出る位置に発達する扇形の地形のことです。②について、カルデラ湖とは、火山が噴火したのちに火口に水が溜まって湖になった地形のことです。④について、氾濫原とは、川の両側に洪水のときに河川水があふれてできる地形のことです。

解答番号【18】：③　⇒ 重要度A

問4 日本近海では、大陸プレートである北アメリカプレートの下に海洋プレートである太平洋プレートが沈み込む動きをしています。また、津波は、水深の深い沖合では速度が速く、波の高さは低くなるのに対して、水深の浅い沿岸部では速度は遅く、波の高さが高くなります。よって、「ア」には「北アメリカプレート」、「イ」には「高く」が入ります。したがって、正解は①となります。

解答番号【19】：①　⇒ 重要度B

問5 適切でないものを選びます。図2から、地点Cで緊急地震速報が伝えられたのは、地点Aで最初の地震波を観測してから10秒後の10:23:12だとわかります。また、図2から、地点Cで大きな揺れが発生したのは10:23:26であることがわかります。よって、地点Cにおいては、大きな揺れが到達したのは緊急地震速報が伝えられてから14秒後であったことがわかります。したがって、正解は③となります。

解答番号【20】：③　⇒ 重要度A

8

問1 太陽暦とは、地球が太陽の周りを回る周期を基にしてつくられた暦のことです。太陰太陽暦とは、月の満ち欠けによって1か月を定める暦のことです。グレゴリオ暦は、ユリウス暦の後に制定された暦です。このグレゴリオ暦には、西暦年数が4で割り切れる

場合はうるう年を設けますが、西暦年数が100の倍数になる場合は400の倍数でない限り、うるう年を設けないというルールがあります。これに対して、ユリウス暦では4年ごとにうるう年を設けていました。よって、Aには「太陽暦」、Bには「グレゴリオ暦」が入ります。したがって、正解は②となります。

解答番号【16】：②　　⇒ **重要度A**

問2　①について、太陽は東から西に移動するため誤りです。②について、1太陽日は1恒星日より約4分長いため誤りです。③について、太陰暦の説明として適切で正しいです。④について、天体の運行は常に一定ではないため誤りです。したがって、正解は③となります。

解答番号【17】：③　　⇒ **重要度A**

問3　上弦の月とは、月が沈むときの姿を弓にたとえて、地平線に対して弓の弦の部分（つまり月の直線部）を上にして沈む姿から名付けられた月の姿を指します。これに対して、下弦の月とは、弓の弦の部分を地平線に向けて下にして沈む月の姿を指します。よって、図1の月は「上弦の月」だとわかります。また、月の満ち欠けは、新月→三日月→上弦の月→満月→下弦の月→新月という順番で変化を繰り返します。よって、図1の月の7日後の月は「満月」であるとわかります。したがって、正解は①となります。

解答番号【18】：①　　⇒ **重要度A**

問4　皆既日食とは、太陽と地球の間に月が入り、月によって太陽がすべて隠されて見えなくなる現象のことです。また、日食は新月のときにのみ起こります。したがって、正解は④となります。①について、月の南中高度は、夏は低く冬は高く、常に一定ではないため誤りです。②について、月の満ち欠けが進むごとに月の出は遅くなっていくため誤りです。新月のとき、月は太陽と同じ方向にあるため月の出は朝になりますが、月が満ちていくにつれて月は太陽から離れていくため、上弦の月のときは昼、満月のときは夕方、下弦の月のときは夜中が月の出となります。③について、皆既月食は満月のときに起きますが、コロナが見られるのは皆既日食であるため誤りです。

解答番号【19】：④　　⇒ **重要度A**

問5　適切でないものを選びます。秋分の日の真夜中には、太陽と反対側の星座が観察できます。具体的には、みずがめ座やうお座を観察することができます。したがって、正解は③となります。①について、図2から春分の日には太陽とうお座は地球から見て同じ方向に位置していることがわかります。②について、夏至の真夜中には、地球から見て太陽の存在する位置とは反対側、つまり冬至点辺りの星座を観察できます。また、地球は反時計回りに自転しますので、秋分の夕方には同じく冬至点辺りの星座を観察できます。④について、この記述のとおり、冬至点近くの星座は、夏至点付近の星座に比べ南中高度は低いです。

解答番号【20】：③　　⇒ **重要度C**

令和４年度 第１回
高卒認定試験

科学と人間生活

解答時間　50分

1 【選択問題】　1・2　のどちらか１題，　3・4　のどちらか１題，　5・6　のどちらか１題，　7・8　のどちらか１題の計４題を選んで，解答する問題番号を記入及びマークした上で，解答すること。５題以上にわたり解答した場合は採点できないので注意すること。

1・2　の解答番号は	1	から	5
3・4　の解答番号は	6	から	10
5・6　の解答番号は	11	から	15
7・8　の解答番号は	16	から	20

科 学 と 人 間 生 活

(解答番号 1 ～ 20)

令和4年度第1回試験

【選択問題】(1 ・ 2 のどちらか1題を選び解答する)

 1 光の性質とその利用について,問1～問5に答えよ。

問 1 可視光線の性質について説明する文として適切なものを,次の①～④のうちから一つ選べ。解答番号は 1 。

① 波長によって屈折率が異なる。

② 赤色の光も紫色の光も周波数は同じである。

③ 白色光をプリズムに通すと,光の反射によりスペクトルが現れる。

④ 赤,黄,青の色の光を,すべて同じ強さで重ねると白色になる。

問 2 図1のように,ガラスびんに白濁した石けん水を入れ,ガラスびんの底側から白色光を当てたときの色の変化を側面から観察したところ,光源に近いところほど青白く見えた。この理由を説明する次の文中の A , B に入る語句の組合せとして正しいものを,下の①～④のうちから一つ選べ。解答番号は 2 。

　　　波長の A 青色の光ほど B されやすいため。

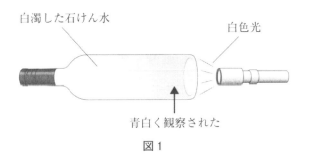

白濁した石けん水　　　白色光

青白く観察された

図1

	A	B
①	長 い	干 渉
②	短 い	干 渉
③	長 い	散 乱
④	短 い	散 乱

問3 図2のように,机の上に何も入っていないビーカーを,目盛りが奥(後ろ側)になるように
置いた。このビーカーに水を中程まで入れると,図3のように,水が入った部分の目盛りが
大きく見えた。この現象に関わる光の性質として適切なものを,下の①～④のうちから一つ
選べ。解答番号は 3 。

図2

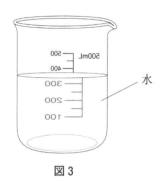
水

図3

① 回 折
② 分 散
③ 屈 折
④ 偏 光

問4 図4のように,油の入ったビーカーに透明なガラス棒を入れ,ビーカーを横から観察する
と,油の中に入った部分のガラス棒が見えなくなった。ガラス棒が見えなくなった理由を説
明する文として最も適切なものを,下の①～④のうちから一つ選べ。解答番号は 4 。

ガラス棒
油
図4

① 油の表面ですべての光が反射し,ガラス棒に光が届かなかった。
② 油とガラスの屈折率が等しく,光がガラス棒の表面で反射も屈折もすることなく進んだ。
③ 油中を進んできた光とガラス棒の表面で反射した光が干渉した。
④ ガラス棒に当たった光が,ガラス棒の表面で乱反射した。

問 5 身のまわりの生活では，可視光線以外の電磁波も様々な用途で使われている。電磁波の種類(名称)とその用途の組合せとして適切なものを，次の①～④のうちから一つ選べ。

解答番号は 5 。

	電磁波の種類(名称)	用 途
①	赤外線	非破壊検査
②	紫外線	殺 菌
③	X 線	気象レーダー
④	ガンマ線	電子レンジ

【選択問題】（ 1 ・ 2 のどちらか1題を選び解答する）

2 熱の性質とその利用について，問1〜問5に答えよ。

発電所からの電力は，図1のように送電線を用いて家庭に送られる。しかし，電力を送電するとき，送電線からジュール熱が発生し，これが送電線でのエネルギー損失となる。したがって，一定量の電力を送るときには， A の大きさが大きくなると B の大きさが小さくなり，エネルギー損失の割合が小さくなる。現在では，送電の損失率は5％程度である。

図1

問1 文中の A ， B に入る語句の組合せとして最も適切なものを，次の①〜④のうちから一つ選べ。解答番号は 1 。

	A	B
①	電 流	電気抵抗
②	電 圧	電 流
③	電気抵抗	電 圧
④	電 圧	電気抵抗

問2 一定量の電力を送るとき，送電線を流れる電流 I を横軸に，その送電線から単位時間あたりに生じるジュール熱 Q を縦軸にとったグラフとして最も適切なものを，次の①〜④のうちから一つ選べ。解答番号は 2 。

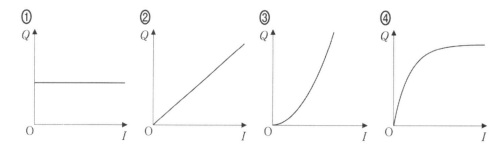

温度 40 ℃ で質量 10 g の鉄球 1 個に,異なる温度で質量 10 g の物体 A を接触させた。図 2 は,そのときの鉄球の温度変化のみを示している。ただし,鉄の比熱は 0.44 J/(g·K) として,接触させる物体以外との熱の移動は無いものとする。

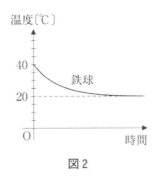

図 2

問 3 この鉄球について説明する文として適切なものを,次の①~④のうちから一つ選べ。解答番号は 3 。

① この鉄球 1 個の熱容量は 8.8 J/K である。

② この鉄球 1 個が得た熱量は 88 J である。

③ この鉄球を 10 個用意すると,その鉄の比熱は 4.4 J/(g·K) になる。

④ この鉄球は,温度が 20 K 変化して,熱平衡状態になった。

問 4 物体 A として最も適切なものを,次の①~④のうちから一つ選べ。解答番号は 4 。

① 比熱が 0.88 J/(g·K)で,温度が 30 ℃ のアルミニウム球

② 比熱が 0.88 J/(g·K)で,温度が 10 ℃ のアルミニウム球

③ 比熱が 0.22 J/(g·K)で,温度が 30 ℃ の銀球

④ 比熱が 0.22 J/(g·K)で,温度が 10 ℃ の銀球

問 5 温度 40 ℃ で質量 10 g の鉄球 2 個に,質量 10 g の新たな物体 B を接触させる。接触させてから十分に時間が経過したとき,図 2 の場合と同じ温度になるようにしたい。物体 B のはじめの温度と比熱の値の組合せとして最も適切なものを,次の①~④のうちから一つ選べ。解答番号は 5 。

	物体 B のはじめの温度の値〔℃〕	物体 B の比熱の値〔J/(g·K)〕
①	物体 A のはじめの温度の 1/2 倍	物体 A の比熱と同じ
②	物体 A のはじめの温度の 2 倍	物体 A の比熱と同じ
③	物体 A のはじめの温度と同じ	物体 A の比熱の 1/2 倍
④	物体 A のはじめの温度と同じ	物体 A の比熱の 2 倍

【選択問題】（ $\boxed{3}$ ・ $\boxed{4}$ のどちらか1題を選び解答する）

$\boxed{3}$ プラスチックについて，**問1～問5**に答えよ。

プラスチック**ア～エ**の薄い板を用いて以下の**実験1～3**を行い，**表**の結果を得た。プラスチック**ア～エ**は，ポリエチレン（密度 $0.92 \sim 0.93 \, \text{g/cm}^3$），ポリスチレン（密度 $1.04 \sim 1.05 \, \text{g/cm}^3$），フェノール樹脂（密度 $1.24 \sim 1.32 \, \text{g/cm}^3$），ポリエチレンテレフタラート（密度 $1.29 \sim 1.40 \, \text{g/cm}^3$）である。

実験1 プラスチックの薄い板を熱湯の中に浸す。

実験2 プラスチックの薄い板をガスバーナーの炎の中に入れ加熱する。

実験3 プラスチックの薄い板を水（密度 $1.0 \, \text{g/cm}^3$）と飽和食塩水（密度 $1.2 \, \text{g/cm}^3$）に浮かべる。

表

プラスチック	実験1	実験2	実験3	
			水	飽和食塩水
ア	やわらかくなった	燃えた	浮いた	浮いた
イ	やわらかくなった	燃えた	沈んだ	沈んだ
ウ	やわらかくなった	燃えた	沈んだ	浮いた
エ	変化なし	燃えずに焦げた	沈んだ	沈んだ

問1 **ア**のプラスチックとして適切なものを，次の①～④のうちから一つ選べ。

解答番号は $\boxed{6}$ 。

① ポリエチレン

② ポリスチレン

③ フェノール樹脂

④ ポリエチレンテレフタラート

問2 **イ**のプラスチックについて説明する文として**誤っているもの**を，次の①～④のうちから一つ選べ。解答番号は $\boxed{7}$ 。

① このプラスチックは炭素と酸素と水素からできている。

② このプラスチックは付加重合でできている。

③ このプラスチックはリサイクルが容易で，繊維製品などに生まれ変わる。

④ このプラスチックを燃やすと多量のすすが発生する。

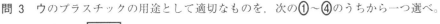

問 3 ウのプラスチックの用途として適切なものを，次の①〜④のうちから一つ選べ。

解答番号は　8　。

① カップ麺（めん）の容器

② 炭酸飲料容器

③ ポリ袋

④ 水道管

問 4 エのプラスチックについて説明する次の文中の　A　，　B　に入る語句の組合せとして適切なものを，下の①〜④のうちから一つ選べ。解答番号は　9　。

エのプラスチックは単量体どうしが　A　に重合した　B　であると考えられる。

	A	B
①	長い鎖状	熱硬化性樹脂
②	立体網目状	熱可塑性樹脂（かそせい）
③	立体網目状	熱硬化性樹脂
④	長い鎖状	熱可塑性樹脂

問 5 プラスチックの原料である石油は限りある資源である。そのため使用済みプラスチックのリサイクル推進も，私たちにとって重要な課題である。リサイクルの一つの方法である，マテリアルリサイクルについて説明する文として適切なものを，次の①〜④のうちから一つ選べ。解答番号は　10　。

① 使用済みのプラスチック容器を洗浄，消毒して再使用する。

② 使用済みのプラスチックを燃焼させ，熱エネルギーを回収し利用する。

③ 使用済みのプラスチックを化学反応により，元の成分物質やモノマーに戻して再生利用する。

④ 使用済みのプラスチックを熱や圧力を用いて化学反応させることなく，プラスチック製品や繊維製品に再生利用する。

【選択問題】（ ③ ・ ④ のどちらか1題を選び解答する）

④ 繊維について，問1〜問5に答えよ。

問1 次の文中の A ～ C に入る語句の組合せとして適切なものを，下の①〜④のうちから一つ選べ。解答番号は 6 。

繊維は細長い高分子化合物が集まってできている。繊維を撚り合わせると A になり，それが織られて衣類や身の回りのものに利用される。繊維は天然繊維と B 繊維とに大きく分類されている。 B 繊維のうち，主に石油を原料としているものを C 繊維という。

	A	B	C
①	糸	化 学	合 成
②	布	化 学	合 成
③	布	合 成	化 学
④	糸	合 成	化 学

問2 天然繊維について説明する次の文中の D ， E に入る語句の組合せとして適切なものを，下の①〜④のうちから一つ選べ。解答番号は 7 。

天然繊維のうち，主成分がタンパク質である D は，比較的酸に強くアルカリには弱い。一方， E の主成分はセルロースであり，吸湿性に富む。また，アルカリに強いので洗濯では傷みにくい。

	D	E
①	木 綿	羊毛，絹
②	木綿，絹	羊 毛
③	羊毛，絹	木 綿
④	羊 毛	木綿，絹

問 3　羊毛の白布を用意し，図のように炎に近づけてその後の様子を観察した。この結果に関する記述として適切なものを，下の①～④のうちから一つ選べ。解答番号は　8　。

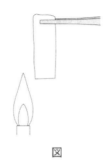

図

① 燃えにくく，炎から遠ざけるとすぐに火が消えた。

② 縮れながら燃えて，毛髪が焦げるようなにおいがした。

③ すすの多い炎を出して燃えた。

④ 融けながら徐々に燃え，特有のにおいがした。

問 4　レーヨンに関する記述として適切なものを，次の①～④のうちから一つ選べ。
解答番号は　9　。

① 保温性が高く肌ざわりが羊毛に似ているので，セーターやカーペットに用いられる。

② 衣類として利用される他に，プラスチックとして容器にも使われる。

③ 植物繊維に酢酸などの薬品を反応させてつくられた繊維である。

④ セルロースを原料として繊維状に再生しており，吸湿性が高く独特な光沢をもつ。

問 5　ナイロンに関する記述として適切でないものを，次の①～④のうちから一つ選べ。
解答番号は　10　。

① 絹に似た性質をもち，吸湿性は低いが丈夫で切れにくい。

② エチレングリコールとテレフタル酸から合成される。

③ 石油を原料としてつくられ，ストッキングや釣り糸に利用されている。

④ 科学者カロザースによって発明された。

【選択問題】（ 5 ・ 6 のどちらか1題を選び解答する）

5 植物の生育と光の関係について，問1～問5に答えよ。

問1 植物は，横からのみ光が当たっていると茎が曲がり，光の方向へと成長する。このような
性質について説明する次の文中の A ， B に入る語句の組合せとして正しいもの
を，下の①～④のうちから一つ選べ。解答番号は 11 。

　　植物が光の方向へ曲がる性質を A という。植物が曲がるのは，光の B の茎の
細胞が大きく成長するためである。

	A	B
①	光周性	当たる側
②	光周性	当たらない側
③	光屈性	当たる側
④	光屈性	当たらない側

問2 光発芽種子の説明として最も適切なものを，次の①～④のうちから一つ選べ。
解答番号は 12 。
① 水，温度，酸素の各条件が十分である上で，太陽光に当たると発芽する。
② 水，温度，酸素の各条件が十分であっても，太陽光に当たると発芽が抑制される。
③ 水，温度，酸素の各条件が十分でなくても，太陽光に当たると発芽する。
④ 水，温度，酸素の各条件が十分であれば，太陽光に当たらなくても発芽する。

　図は限界暗期が12時間の植物**ア**について，1日(24時間)の明期(昼の長さ)と暗期(夜の長さ)をⅠ～Ⅲの条件で栽培し，その後の花芽形成についてまとめたものである。Ⅱでは花芽を形成したが，ⅠとⅢでは花芽を形成しなかった。

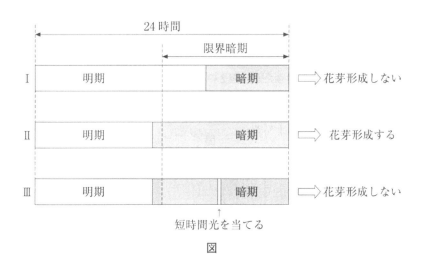

図

問3　花芽形成について，図の結果のような性質を示す植物**ア**の呼び方として正しいものを，次の①～④のうちから一つ選べ。解答番号は　13　。

① 陽生植物

② 陰生植物

③ 長日植物

④ 短日植物

問4　花芽形成について，植物**ア**と同様の性質をもつ植物として最も適切なものを，次の①～④のうちから一つ選べ。解答番号は　14　。

① アブラナ

② キ　ク

③ セイヨウタンポポ

④ トマト

問5　植物**ア**の花芽形成のしくみについて，図の結果から分かることとして最も適切なものを，次の①～④のうちから一つ選べ。解答番号は　15　。

① 花芽形成には1日の明期，暗期の長さは関わっていない。

② 花芽形成には1日の明期の長さが関わっている。

③ 花芽形成には1日の暗期の合計の長さが関わっている。

④ 花芽形成には1日の暗期の連続した長さが関わっている。

【選択問題】（ 5 ・ 6 のどちらか1題を選び解答する）

6 微生物と人間生活について，問1～問5に答えよ。

問1 滅菌した手のひら型の寒天培地を2つ用意し，1つの培地には石けんで洗っていない手の
ひらを付け，もう1つの培地には手のひらを付けないで，それぞれにふたをして常温で放置
した。2日後，2つの培地を観察すると，図1のように手のひらを付けた培地では微生物の
増殖を観察することができたが，図2のように手のひらを付けない培地には変化が見られな
かった。この結果から考えられることとして最も適切なものを，下の①～④のうちから一つ
選べ。解答番号は 11 。

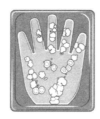 

図1 　　　　　　　　　　図2

① 手のひらには多数の微生物が付着している。

② 放置の間に増殖した微生物は，ほとんどが外の空気中から落ちたものである。

③ 石けんや消毒用アルコールで除菌した手を寒天培地に付けた場合でも，図1と同様に微
生物を多数観察することができる。

④ 増殖した微生物は，放置する前から寒天培地の中に存在していた。

問2 自作の顕微鏡を使って，はじめて微生物を発見した人物として適切なものを，次の①～④
のうちから一つ選べ。解答番号は 12 。

① レーウェンフック

② パスツール

③ コッホ

④ 北里柴三郎

令和4年度第1回試験

問3　光学顕微鏡では観察できないものとして適切なものを，次の①～④のうちから一つ選べ。
解答番号は　13　。
① 酵　母
② 大腸菌
③ 乳酸菌
④ インフルエンザウイルス

問4　ヒトの腸内にすみつく微生物として最も適切なものを，次の①～④のうちから一つ選べ。
解答番号は　14　。
① 古細菌
② 根粒菌
③ ビフィズス菌
④ シアノバクテリア

問5　微生物と医療について説明した文として**適切でない**ものを，次の①～④のうちから一つ選べ。解答番号は　15　。
① 抗生物質とは，微生物によってつくられた医薬品であり，他の微生物の増殖を妨げるはたらきをもつ。
② 病原体には，WHOにより1980年に根絶が宣言された天然痘ウイルス，その他にインフルエンザウイルスや結核菌が含まれる。
③ 遺伝子組換え技術により，大腸菌を利用してヒトのインスリンが合成できるようになった。
④ 予防接種とは，毒性を弱めないで病原体をそのまま接種し，人工的に免疫力を高める予防方法である。

【選択問題】（ 7 ・ 8 のどちらか1題を選び解答する）

7 水の作用によってできる地形とその成因について，問1〜問5に答えよ。

問1 図1は河川の中流域にできる地形である。この地形の名称と成因の組合せとして適切なものを，下の①〜④のうちから一つ選べ。解答番号は 16 。

図1

	名　称	成　因
①	三角州	運搬された土砂が，山地から平地への出口で堆積した。
②	三角州	運搬された土砂が堆積し，河川が陸化した。
③	扇状地	運搬された土砂が，山地から平地への出口で堆積した。
④	扇状地	運搬された土砂が堆積し，河川が陸化した。

問2 図2は海食崖である。この地形の主な成因の説明として最も適切なものを，下の①〜④のうちから一つ選べ。解答番号は 17 。

図2

① 地震による活断層で形成した。

② 津波による侵食作用により形成した。

③ 打ち寄せる波が海岸の岩盤を削り取った。

④ 地表の温度変化や，氷雪にさらされ風化した。

令和4年度第1回試験

問 3　次の文は海岸段丘が形成される過程の説明である。文中の　A　，　B　に入る語句の組合せとして最も適切なものを，下の①〜④のうちから一つ選べ。解答番号は　18　。

　　　断層運動などによって地表が　A　すると，新たに海岸となった場所に再び侵食地形がつくられる。また海面が　B　して平坦面が海上に現れることでも階段状の地形がつくられる。

	A	B
①	沈　降	上　昇
②	沈　降	低　下
③	隆　起	上　昇
④	隆　起	低　下

問 4　粒子が堆積する様子を観察するために，Ⅰ〜Ⅲの順で実験を行った。図3は実験の様子を表している。この実験で再現した現象として最も適切なものを，下の①〜④のうちから一つ選べ。解答番号は　19　。

> Ⅰ　直径数mmまでのさまざまな粒子の混じった砂や泥を水に入れて，よくかき混ぜる。
> Ⅱ　あらかじめ水を入れたアクリルパイプに水と砂や泥を混ぜたものを一気に流し込む。
> Ⅲ　アクリルパイプを静置し，砂や泥が堆積する様子を観察する。

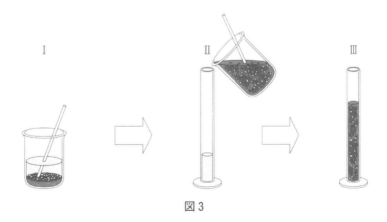

図3

① 豪雨による土石流が海に流れ込み，その後静かな海底に堆積する様子

② 河川の上流域で侵食された岩石が流れの中で砕かれ，堆積する様子

③ 火砕流が山の斜面を流れ下り，その流れが沈静化した後に堆積する様子

④ 地震による地滑りで土砂が流れ下り，平地で堆積する様子

令和4年度第1回試験

問 5　地表の起伏は常に変化している。その要因として考えられるエネルギーの組合せとして適切なものを，次の①～④のうちから一つ選べ。解答番号は　20　。

	地表面の起伏を大きくする	地表面を平坦化する
①	太陽の放射エネルギー	月の引力によるエネルギー
②	地球の内部エネルギー	太陽の放射エネルギー
③	太陽の放射エネルギー	地球の内部エネルギー
④	地球の内部エネルギー	月の引力によるエネルギー

【選択問題】（ 7 ・ 8 のどちらか1題を選び解答する）

8 天体の運行と人間生活について，問1〜問5に答えよ。

令和4年度第1回試験

問1 日本で観察される天体の運行について，地球の公転にかかわる現象として**適切でないもの**を，次の①〜④のうちから一つ選べ。解答番号は 16 。

① 同じ日に観察される天体の位置は，時刻によって変化する。

② 太陽の南中高度は，季節によって異なる。

③ 1太陽日は，1恒星日より長い。

④ 同時刻に観察される星座は，季節によって異なる。

問2 金星は夕暮れや明け方に観察されるが，深夜には観察されない。しかし，木星は深夜に観察されることがある。この違いを説明する文として最も適切なものを，次の①〜④のうちから一つ選べ。解答番号は 17 。

① 金星に比べて木星のほうが，自転周期が短いため。

② 金星に比べて木星のほうが，公転周期が長いため。

③ 金星は地球の内側を公転し，木星は地球の外側を公転するため。

④ 金星は地球型惑星であり，木星は木星型惑星であるため。

問3 図は，ある時刻に北の空の北極星と恒星Aの位置関係を模式的に表したものである。この時刻から1時間後の北極星と恒星Aの位置を説明する文として最も適切なものを，下の①〜④のうちから一つ選べ。解答番号は 18 。

北極星 ★　　　　　　●恒星A

図

① 北極星の位置は変わらず，恒星Aは高度が高くなる。

② 北極星の位置は変わらず，恒星Aは高度が低くなる。

③ 恒星Aの位置は変わらず，北極星は高度が高くなる。

④ 恒星Aの位置は変わらず，北極星は高度が低くなる。

問 4 2021年11月19日の日没後に，日本の広範囲で東の空に月食が観察された。このときの
太陽，地球，月の位置関係として正しいものを，下の①〜④のうちから一つ選べ。
解答番号は　19　。

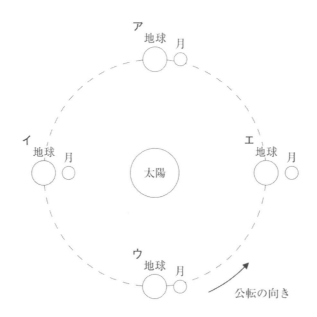

① ア
② イ
③ ウ
④ エ

問 5 現在，世界の多くの国で採用されているグレゴリオ暦について説明する次の文中の
　A　，　B　に入る語句の組合せとして適切なものを，下の①〜④のうちから一つ選
べ。解答番号は　20　。

　グレゴリオ暦は，1582年に，ローマ法王グレゴリウス13世によって定められた。この暦
は，　A　の動きをもとにつくられ，うるう年を　B　置くように定められた。

	A	B
①	太　陽	4年に1回
②	太　陽	400年に97回
③	月	400年に97回
④	月	4年に1回

令和4年度 第1回

解答・解説

📖 令和4年度 第1回 高卒認定試験

【 解 答 】

1	解答番号	正答	配点	2	解答番号	正答	配点	3	解答番号	正答	配点	4	解答番号	正答	配点
問1	1	①	5	問1	1	②	5	問1	6	①	5	問1	6	①	5
問2	2	④	5	問2	2	③	5	問2	7	②	5	問2	7	③	5
問3	3	③	5	問3	3	④	5	問3	8	①	5	問3	8	②	5
問4	4	②	5	問4	4	②	5	問4	9	③	5	問4	9	④	5
問5	5	②	5	問5	5	④	5	問5	10	③	5	問5	10	②	5

5	解答番号	正答	配点	6	解答番号	正答	配点	7	解答番号	正答	配点	8	解答番号	正答	配点
問1	11	④	5	問1	11	①	5	問1	16	③	5	問1	16	①	5
問2	12	①	5	問2	12	①	5	問2	17	③	5	問2	17	③	5
問3	13	④	5	問3	13	④	5	問3	18	④	5	問3	18	①	5
問4	14	②	5	問4	14	④	5	問4	19	①	5	問4	19	④	5
問5	15	④	5	問5	15	④	5	問5	20	②	5	問5	20	②	5

【 解 説 】

1

問1　光は波長によって屈折率が異なります。したがって、正解は①となります。②について、光は色によって波長が異なりますので、それぞれの色の周波数は異なるため誤りです。③について、スペクトルが現れるのは光の反射ではなく屈折によるため誤りです。④について、光の三原色と呼ばれる赤・緑・青の光を均等に重ねると白色になるため誤りです。
　　　解答番号【1】：①　　⇒ ■重要度A

問2　光の波長の長さは色によって異なっており、紫・青・緑・黄・橙・赤の順に波長が長くなります。また、光が強め合ったり弱め合ったりすることを干渉と呼び、光が四方に散ることを散乱と呼びます。この実験では、石けん水の粒子によって光が散乱しています。よって、Aには「短い」、Bには「散乱」が入ります。したがって、正解は④となります。
　　　解答番号【2】：④　　⇒ ■重要度A

問3　屈折とは、波の伝わる速さが異なる媒質の境界面で、波の進む方向が変わることをいいます。図3のような現象は屈折によって起こります。したがって、正解は③となります。①について、回折とは、光や波が障害物を回り込むように広がることです。②について、

分散とは、光がさまざまな色に分かれることです。④について、偏光とは、光の振動面が特定の方向に偏っていることです。

解答番号【3】：③　　⇒ **重要度A**

問4　油とガラスの屈折率が等しくなり、光がガラスの表面で反射も屈折もしなければガラス棒が見えることはありません。したがって、正解は②となります。①ついて、油の表面ですべての光が反射した場合、油の内部が見えないため誤りです。③について、光は色によって波長が異なるので、干渉が起こるとすべての光が見えなくなることはなく、シャボン玉の表面のように特定の色がよく見えるようになるため誤りです。④について、光がガラス棒の表面で乱反射した場合、ガラス棒が見えることになるため誤りです。

解答番号【4】：②　　⇒ **重要度B**

問5　紫外線には殺菌効果があるとされています。したがって、正解は②となります。①について、非破壊検査には主にX線が使われています。③について、気象レーダーにはマイクロ波が使われています。④について、電子レンジにはマイクロ波が使われています。

解答番号【5】：②　　⇒ **重要度A**

2

問1　電力（W）は、電圧（V）×電流（A）によって求めることができます。電力が一定の場合、電圧の大きさが大きくなると電流の大きさが小さくなります。よって、Aには「電圧」、Bには「電流」が入ります。したがって、正解は②となります。①と④について、送電線の電気抵抗の大きさは電流や電圧によって変化しないため誤りです。③について、電気抵抗の大きさを大きくすると電力損失が大きくなるため誤りです。

解答番号【1】：②　　⇒ **重要度A**

問2　電流Iとジュール熱Qの関係を問う問題です。熱量をQ〔J〕、電流をI〔A〕、時間をt〔s〕、抵抗をR〔Ω〕とすると、ジュールの法則より、$Q = RI^2t$ が成り立ちます。本問においては、単位時間あたりの熱量をQとしていることから $t = 1$ になります。また、送電線の抵抗Rは一定ですから、Qは I^2 に比例します。したがって、正解は③となります。

解答番号【2】：③　　⇒ **重要度A**

問3　図2から、鉄球の温度が20K変化して熱平衡状態になっていることがわかります。したがって、正解は④となります。①について、この鉄球の熱容量は $0.44J/(g \cdot K) \times 10g = 4.4J/K$ であるため誤りです。②について、鉄球の温度が下がっていることから、鉄球は熱量を失っていることがわかるため誤りです。③について、比熱は物体の質量によらず、鉄球が増えても比熱は変わらないため誤りです。

解答番号【3】：④　　⇒ **重要度A**

問4　鉄球が失った熱量は $0.44J/(g \cdot K) \times 20℃ \times 10g = 88J$ と求められます。この鉄球が失った熱量と質量10gの物体Aが受け取った熱量が等しくなるのは、比熱 $0.88J/(g \cdot K)$ の物体が10℃から20℃になった場合です。その場合の熱量は $0.88J/(g \cdot K) \times 10℃ \times 10g = 88J$ となります。したがって、正解は②となります。①と③について、40℃の鉄球は物

体Aと接触して20℃になっていることをふまえると、物体Aの温度は20℃より低いと考えられるため誤りです。④について、比熱0.22J/(g・K)の物体Aが10℃から20℃になる場合、物体Aは0.22J/(g・K)×10℃×10g＝22Jの熱量を得たことになりますが、この22Jという熱量は鉄球の失った熱量と等しくないため誤りです。

解答番号【4】：②　　⇒ **重要度A**

問5　温度40℃で質量10gの鉄球2個が、図2のように20℃になるには、0.44J/(g・K)×20g×20℃＝176Jの熱量を物体Bに伝える必要があります。問4の解説より、物体Aの比熱は0.88J/(g・K)で、はじめの温度は10℃です。質量10gの物体Bの比熱が物体Aの2倍の1.76J/(g・K)で、はじめの温度が物体Aと同じく10℃であれば、1.76J/(g・K)×10g×10℃＝176Jとなり、2個の鉄球が伝える熱量と等しくなります。したがって、正解は④となります。

解答番号【5】：④　　⇒ **重要度B**

3

問1　「ア」のプラスチックは、実験3において水に浮いたことから、水より密度が小さいことがわかります。「ア」～「エ」のプラスチックのうち、水より密度が小さいのはポリエチレンです。したがって、正解は①となります。

解答番号【6】：①　　⇒ **重要度A**

問2　誤っているものを選びます。「イ」のプラスチックは、実験1において熱を加えるとやわらかくなったことから熱可塑性樹脂であることがわかり、また実験3において水にも飽和食塩水にも沈んだことから水や飽和食塩水より密度が大きいことがわかりますので、「イ」のプラスチックはポリエチレンテレフタラートです。ポリエチレンテレフタラートは縮合重合でできています。したがって、正解は②となります。

解答番号【7】：②　　⇒ **重要度B**

問3　「ウ」のプラスチックは、実験3において水には沈んで飽和食塩水には浮いたことから、水より密度が大きく、飽和食塩水より密度が小さいポリスチレンであることがわかります。ポリスチレンは食品のトレーやカップ麺の容器などに用いられています。したがって、正解は①となります。②について、炭酸飲料容器はポリエチレンテレフタラートでできています。③について、ポリ袋はポリエチレンでできています。④について、水道管はポリ塩化ビニルでできています。

解答番号【8】：①　　⇒ **重要度A**

問4　「エ」のプラスチックは、実験1において熱を加えても変化しないことから熱硬化性樹脂であることがわかり、実験3において水にも飽和食塩水にも沈んだことから水や飽和食塩水より密度が大きいことがわかりますので、「エ」のプラスチックはフェノール樹脂です。よって、Aには「立体網目状」、Bには「熱硬化性樹脂」が入ります。したがって、正解は③となります。なお、熱硬化性樹脂は立体網目上の構造をもっているのに対して、熱可塑性樹脂は長い鎖状の構造をもっています。

解答番号【9】：③　　⇒ **重要度A**

問5　①についてはリユースの説明で、②についてはサーマルリサイクルの説明で、③については
　　　いてはケミカルリサイクルの説明です。したがって、正解は④となります。

　　　解答番号【10】：④　　⇒ 重要度B

4

問1　繊維は撚り合わせることによって糸となり、その糸を織ることによって布となります。
　　　繊維には天然繊維と化学繊維があり、化学繊維のうち主に石油を原料とするものを合成繊
　　　維と呼びます。よって、Aには「糸」、Bには「化学」、Cには「合成」が入ります。したがっ
　　　て、正解は①となります。

　　　解答番号【6】：①　　⇒ 重要度A

問2　羊毛と絹は、動物由来の繊維で、タンパク質を主成分としています。これに対して、
　　　木綿は植物由来の繊維で、セルロースを主成分としています。よって、Dには「羊毛、絹」、
　　　Eには「木綿」が入ります。したがって、正解は③となります。

　　　解答番号【7】：③　　⇒ 重要度A

問3　羊毛の主成分はケラチンで、このケラチンは毛髪の主成分でもあります。このため、
　　　羊毛を燃やすと毛髪が焦げるようなにおいがします。したがって、正解は②となります。
　　　①について、保湿性が高く燃えにくいアクリル繊維を燃やした場合の説明です。③につ
　　　いて、ポリエステルなどの炭素を多く含む繊維を燃やした場合の説明です。④について、
　　　ナイロン、ポリエステル、アクリル、ビニロンなどの合成繊維を燃やした場合の説明です。

　　　解答番号【8】：②　　⇒ 重要度B

問4　レーヨンはセルロースを原料としてつくられる再生繊維です。吸湿性に優れているた
　　　めタオルなどに使われています。したがって、正解は④となります。①について、これ
　　　はアクリル繊維の説明です。アクリル繊維は羊毛に似た性質をもちますが羊毛と違って
　　　虫がつきにくいため、ほかにも毛布やぬいぐるみなどに使われています。②について、
　　　これはポリエチレンテレフタラートの説明です。ポリエチレンテレフタラートはペット
　　　ボトルにも使われています。③について、これはアセテートの説明です。アセテートは
　　　セルロースに酢酸を反応させてつくる半合成繊維で、絹に似た光沢をもつため婦人服な
　　　どに使われています。

　　　解答番号【9】：④　　⇒ 重要度A

問5　適切でないものを選びます。ナイロンはヘキサメチレンジアミンとアジピン酸から合
　　　成されます。したがって、正解は②となります。なお、エチレングリコールとテレフタ
　　　ル酸から合成されるのはポリエチレンテレフタラートです。

　　　解答番号【10】：②　　⇒ 重要度B

5

問1　一日の明期または暗期の長さに対する生物の反応を光周性といい、光の入射方向に対
　　　応して植物などの成長方向が変化する性質のことを光屈性といいます。また、植物が光の

方向に曲がって成長するのは、光の当たらない側の細胞が大きく成長するためです。よって、Aには「光屈性」、Bには「当たらない側」が入ります。したがって、正解は④となります。

解答番号【11】：④　　⇒ **重要度A**

問2　光発芽種子とは、水、温度、酸素の各条件が十分に満たされていることに加えて、光の照射を発芽の条件とする植物の種子のことをいいます。したがって、正解は①となります。

解答番号【12】：①　　⇒ **重要度A**

問3　図の結果から、限界暗期よりも暗期が連続して長い場合に花芽形成していることがわかります。このような植物のことを短日植物といいます。したがって、正解は④となります。①について、陽生植物とは、日なたでよく生育する植物のことをいいます。②について、陰生植物とは、光が比較的弱いところで生育する植物のことです。③について、長日植物とは、明期が長くなると花芽する植物のことです。

解答番号【13】：④　　⇒ **重要度A**

問4　問3の解説より、植物「ア」は短日植物です。短日植物には、キク、アヤメ、ダイコン、ホウレンソウがあります。したがって、正解は②となります。

解答番号【14】：②　　⇒ **重要度A**

問5　図から、Ⅱの条件とⅢの条件は明期と暗期の長さがほぼ同じですが、暗期の途中で光を当てるか否かという違いがあることがわかります。Ⅱの条件とⅢの条件の違いはこれのみですから、Ⅲの条件における結果、つまり植物「ア」が花芽形成しなかったのは、光を当てられて暗期が一時中断したことによると推測できます。したがって、正解は④となります。

解答番号【15】：④　　⇒ **重要度A**

6

問1　この実験の結果として、手のひらを付けた寒天培地においてのみ微生物の増殖が観察されています。いずれの培地もはじめに滅菌し、ふたをしてから放置しているため、この微生物は手のひらに存在していたと考えられます。したがって、正解は①となります。②について、この実験では、いずれの培地も滅菌のうえ、ふたをしており、空気中から培地に落ちた微生物が増殖したとは考えられないため誤りです。③について、手を石けんや消毒用アルコールで除菌した場合、手のひらの微生物が死滅するため誤りです。④について、この実験では、いずれの培地も滅菌しており、放置する前から培地に微生物が存在していたとは考えられないため誤りです。

解答番号【11】：①　　⇒ **重要度A**

問2　レーウェンフックは自作の顕微鏡を用いて、初めて微生物を観察することに成功しました。したがって、正解は①となります。②について、パスツールはワインができる過

程で微生物による発酵が行われていることを発見した人物です。③について、コッホは炭疽の原因菌を発見し、また伝染病の原因を解明した人物です。④について、北里柴三郎は破傷風の治療法を確立した人物です。

解答番号【12】：①　　⇒ 重要度A

問3　一般に、光学顕微鏡ではウイルスを観察することができません。光学顕微鏡では 0.2μm 程度の大きさまでであれば対象を観察することができますが、これよりも小さい対象であるウイルスを観察するには電子顕微鏡が必要になります。したがって、正解は④となります。

解答番号【13】：④　　⇒ 重要度A

問4　ヒトの腸内にすみつく微生物とは腸内細菌のことを指します。腸内細菌には、ビフィズス菌や大腸菌などがあります。したがって、正解は③となります。①については、古細菌は細菌ではなく原核生物で、その多くは高温や高圧といった極端な環境に生息します。②について、根粒菌とは、主にマメ科植物の根に生息し、その中で窒素固定を行う細菌です。④について、シアノバクテリアとは、光合成を行う細菌です

解答番号【14】：③　　⇒ 重要度A

問5　適切でないものを選びます。予防接種とは、毒性を弱めた病原体を摂取することによって、人工的に免疫を生成し、免疫力を高める予防法のことです。したがって、正解は④となります。

解答番号【15】：④　　⇒ 重要度A

7

問1　図1の上部には山が見られ、その下部には平地が見られることから、この地形が扇状地であることがわかります。また、扇状地は、河川により運搬された土砂が、山地から平地に出る出口において堆積することによって形成されます。したがって、正解は③となります。なお、三角州は、河川により運搬された土砂が、河口付近において堆積することによって形成されます。

解答番号【16】：③　　⇒ 重要度A

問2　海に面した山地や台地が主に波に削り取られて、波の浸食作用によってできた崖のことを海食崖といいます。したがって、正解は③となります。①について、これは活断層崖の説明であるため誤りです。②については、海食崖の成因は津波に限らないため誤りです。④については、海食崖は風化作用によって形成されるものではないため誤りです。

解答番号【17】：③　　⇒ 重要度A

問3　海岸段丘は、海岸の隆起と海岸の侵食あるいは海面の低下と海岸の浸食が交互に起こることによって形成されます。よって、Aには「隆起」、Bには「低下」が入ります。したがって、正解は④となります。

解答番号【18】：④　　⇒ 重要度A

問4　この実験では、さまざまな粒子の混じった砂や泥をかき混ぜた後、アクリルパイプに入れ、砂や泥が堆積する様子を観察しています。この実験の結果として、粒子の大きな砂は下部に、粒子の小さな泥は上部に堆積していることが観察されます。この実験の様子は、土石流が海に流れ込み、粒子の大きな砂礫は下部に、粒子の小さな泥は上部に堆積する様子に相当します。したがって、正解は①となります。

解答番号【19】：①　　⇒ **重要度A**

問5　火山活動や地殻変動など地表面の起伏を大きくするのは、地球の内部エネルギーによるものです。一方、気温や気圧の変化や地球上の水の循環によって地表の岩石が破壊されて地表面が平坦化するのは、太陽の放射エネルギーによるものです。したがって、正解は②となります。

解答番号【20】：②　　⇒ **重要度B**

8

問1　適切でないものを選びます。時刻による天体位置の変化は、地球の自転によって生じる現象です。したがって、正解は①となります。

解答番号【16】：①　　⇒ **重要度B**

問2　金星は地球より太陽側にあるため、地球から見ると常に太陽の側にあるように見えます。深夜には地球が太陽と反対側を向いているため、太陽の側にある金星を見ることはできません。一方、地球よりも外側にある木星は、地球から見て太陽と反対側にあるので、深夜にも見えることがあります。したがって、正解は③となります。①と②と④について、惑星の自転周期、惑星の公転周期の長さ、惑星の分類は、いずれも地球から見えるかどうかに関係ないため誤りです。

解答番号【17】：③　　⇒ **重要度B**

問3　北極星は、地球の自転軸の延長線上にある星のため、時間が経過してもほぼ同じ位置に観察することができます。また、北の空の星は、北極星を中心として1時間に15°ずつ反時計回りに動いていきます。よって、恒星Aの高度は1時間後には高くなります。したがって、正解は①となります。

解答番号【18】：①　　⇒ **重要度A**

問4　月食とは、地球が太陽と月の間に入り、地球の影が月にかかることによって月が欠けて見える現象のことです。東の空に月食が観察される場合、太陽と地球と月がこの順番に直線上に並ぶことになります。したがって、正解は④となります。

解答番号【19】：④　　⇒ **重要度A**

問5　グレゴリオ暦とは、太陽の動きを基につくられた暦（太陽暦）で、うるう年を設定しています。グレゴリオ暦では、基本的に4の倍数の年にうるう年を設けます。ただし、100の倍数になる年は、400の倍数の年でない限り、うるう年を設けません。よって、Aには「太陽」、Bには「400年に97回」が入ります。したがって、正解は②となります。

解答番号【20】：②　　⇒ **重要度A**

令和３年度 第２回
高卒認定試験

科学と人間生活

注　意　事　項（抜粋）

＊　試験開始の合図前に，監督者の指示に従って，解答用紙の該当欄に以下の内容をそれぞれ正しく記入し，マークすること。

①氏名欄

氏名を記入すること。

②受験番号，③生年月日，④受験地欄

受験番号，生年月日を記入し，さらにマーク欄に受験番号（数字），生年月日（年号・数字），受験地をマークすること。

＊　受験番号，生年月日，受験地が正しくマークされていない場合は，採点できないことがある。

＊　解答は，解答用紙の解答欄にマークすること。例えば，| 10 | と表示のある解答番号に対して②と解答する場合は，次の（例）のように**解答番号 10 の解答欄**の②にマークすること。

（例）

解答番号	解　答　欄
10	① ② ③ ④ ⑤ ⑥ ⑦ ⑧ ⑨ ⑩

---

1 【選択問題】| 1 |・| 2 | のどちらか1題，| 3 |・| 4 | のどちらか1題，| 5 |・| 6 | のどちらか1題，| 7 |・| 8 | のどちらか1題の計4題を選んで，解答する問題番号を記入及びマークした上で，解答すること。5題以上にわたり解答した場合は採点できないので注意すること。

| 1 |・| 2 | の解答番号は | 1 | から | 5 |

| 3 |・| 4 | の解答番号は | 6 | から | 10 |

| 5 |・| 6 | の解答番号は | 11 | から | 15 |

| 7 |・| 8 | の解答番号は | 16 | から | 20 |

科 学 と 人 間 生 活

（解答番号　1　～　20　）

【選択問題】（　1　・　2　のどちらか１題を選び解答する）

1　光の性質について，問１～問５に答えよ。

問 1　図１のようにカップの底にコインを１枚入れ，コインがわずかに見える状態で目線を変えずに水を注ぎ入れると，図２のようにコインの全体が見える状態になった。このとき，コインから出た光が水中を通り空気中を進み，観測者の眼に届くまでの光の進む道すじとして適切なものを，下の①～④のうちから一つ選べ。解答番号は　1　。

図1

図2

①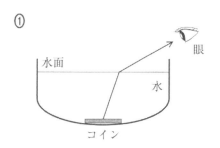

②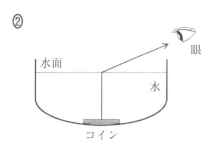

③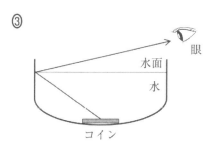

④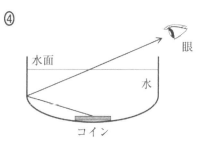

問 2 　机上にコインを置き，その上に図 3 のように何も入っていない透明なガラス製のコップを
　　　置いた。その後，側面からコインが見える状態でコップに水を注ぎ入れたところ，図 4 のよ
　　　うにコップの側面からはコインが全く見えない状態になった。このコインが見えなくなった
　　　理由を説明する文として最も適切なものを，下の①～④のうちから一つ選べ。
　　　解答番号は　 2 　。

コインの上に
コップを置く

図 3　　　　　　　　　　　　　　　　　図 4

① コインから出た光がコップの中の水で散乱されたため。

② コインから出た光がコップの中の水で乱反射されたため。

③ 水が入ることで，光がコップで反射されたため。

④ 水が入ることで，光がコップで全反射されたため。

問3 図5のように単色光をスリットSと，2つのスリットA，Bに通過させると，その後ろの
スクリーンに縞模様が観測された。縞模様が観測された理由について説明した下の文中の
 ア ～ ウ に当てはまる語句の組合せとして正しいものを，下の①～④のうちから
一つ選べ。解答番号は 3 。

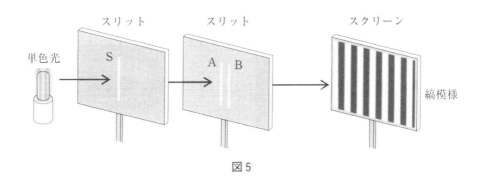

図5

単色光がスリットSを通過したのちに回折して広がり，2つのスリットA，Bを通過し，
さらに回折して広がりスクリーンに達する。このときA，Bを通過して回折した光が
 ア し，スクリーン上で強め合う イ 部分と弱め合う ウ 部分が縞模様となっ
て観測される。

	ア	イ	ウ
①	散 乱	暗 い	明るい
②	散 乱	明るい	暗 い
③	干 渉	暗 い	明るい
④	干 渉	明るい	暗 い

問4 光源を単色光から白色光に変えて図5と同様な実験を行ったところ，スクリーンにはさま
ざまな色の光の帯が観測された。このような光の帯をスペクトルという。光のスペクトルを
観測するために用いる器具として最も適切なものを，次の①～④のうちから一つ選べ。
解答番号は 4 。

① 平面鏡

② 凸レンズ

③ プリズム

④ 偏光板

問 5　表は電磁波の名称と波長，おもな利用の例を示したものである。表の　エ　～　カ

に当てはまる語句の組合せとして正しいものを，下の①～④のうちから一つ選べ。

解答番号は　5　。

表

名称		波長	おもな利用の例
電波	長波(LF)	10 ～ 1 km	電波時計
	中波(MF)	1000 ～ 100 m	国内ラジオ AM 放送
	短波(HF)	100 ～ 10 m	遠距離ラジオ
	超短波(VHF)	10 ～ 1 m	ラジオ FM 放送
	極超短波(UHF) ⎫	100 ～ 10 cm	テレビ放送
	センチ波(SHF) ⎬ エ	10 ～ 1 cm	衛星放送
	ミリ波(EHF) ⎪	10 ～ 1 mm	電波望遠鏡
	サブミリ波 ⎭	1 ～ 0.1 mm	がん検査
赤外線		0.1 mm ～ 770 nm	赤外線写真
可視光線		770 ～ 380 nm	光通信・光学機器
オ		380 ～ 10 nm	殺菌
X線		10 ～ 0.001 nm	X 線写真
カ		0.01 nm 未満	材料検査・医療

	エ	オ	カ
①	マイクロ波	ガンマ線	紫外線
②	マイクロ波	紫外線	ガンマ線
③	紫外線	マイクロ波	ガンマ線
④	紫外線	ガンマ線	マイクロ波

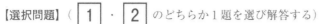

【選択問題】（ 1 ・ 2 のどちらか1題を選び解答する）

2 熱について、問1～問5に答えよ。

　図の装置では、左右のおもりが落下するとき、回転軸に取り付けられた回転翼を回転させる。回転軸に取り付けられた回転翼は熱量計内の水をかき回し、水の温度を上昇させる。おもりが落下するときに重力がした仕事と水の温度上昇に使われた熱量の関係を確認することができる。

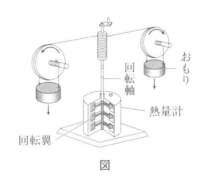

回転軸
おもり
熱量計
回転翼

図

　物体の温度は、原子・分子の運動に深く関係している。物体を構成する原子・分子が、無秩序に動き続けることを ア という。温度は ア の激しさを表すものである。温度の決め方の中で、1気圧のもと、水が氷になる温度を0度、水が沸騰する温度を100度とするものを イ という。

問1　文中の ア ， イ に当てはまる語句の組合せとして正しいものを、次の①～④のうちから一つ選べ。解答番号は 1 。

	ア	イ
①	熱伝導	セルシウス温度
②	熱伝導	絶対温度
③	熱運動	セルシウス温度
④	熱運動	絶対温度

問2 図の装置のおもりのように、高い所にある物体は落下すると、他の物体に仕事をすることができるのでエネルギーをもつ。高い所にある物体がもつエネルギーを重力の ウ エネルギーという。 ウ に当てはまる語句として正しいものを、次の①〜④のうちから一つ選べ。解答番号は 2 。

① 運　動
② 仕　事
③ 位　置
④ 質　量

問3 繰り返しおもりを落下させて回転翼で熱量計内の水をかき回したところ、熱量計内の水の温度は 20.2℃ から 20.4℃ に変化した。熱量計と熱量計内の水を合わせた熱容量が 5000 J/K であるとき、水と熱量計が得た熱量の大きさとして適切なものを、次の①〜④のうちから一つ選べ。解答番号は 3 。

① 1000 J
② 2500 J
③ 4200 J
④ 8400 J

問4 エネルギーの変換について述べた文として正しいものを、次の①〜④のうちから一つ選べ。解答番号は 4 。

① 火力発電では、石炭や天然ガスの核エネルギーを電気エネルギーに変換している。
② 地熱発電では、光エネルギーを電気エネルギーに変換している。
③ 太陽電池では、熱エネルギーを電気エネルギーに変換している。
④ 水力発電では、力学的エネルギーを電気エネルギーに変換している。

問5 蒸気機関やガソリンエンジンでは、熱を利用して仕事を連続的に取り出している。このような装置を熱機関という。熱機関は、高い温度の物体から熱量 Q_1 を得て、低い温度の物体へ熱量 Q_2 を放出し、その熱量の差を仕事に変える。ある熱機関が 80 J の熱量を得て 60 J の熱を放出した。この熱機関の熱効率として正しいものを、次の①〜④のうちから一つ選べ。解答番号は 5 。

① 20 %
② 25 %
③ 35 %
④ 75 %

【選択問題】(3 ・ 4 のどちらか1題を選び解答する)

3 　私たちが生命と健康を維持して，日常生活を営むのに必要な食品の成分である栄養素について，問1〜問5に答えよ。

問1　栄養素とそれを多く含む食品の組合せとして正しいものを，次の①〜④のうちから一つ選べ。解答番号は 6 。

	栄養素	食　品
①	炭水化物	ジャガイモ・コメ
②	タンパク質	バター・ニンジン
③	油脂(脂質)	オリーブオイル・白菜
④	ビタミン	食塩・レモン

問2　栄養素の一つである無機塩類(ミネラル)について述べた文のうち正しいものを，次の①〜④のうちから一つ選べ。解答番号は 7 。

① 健康の維持のため毎日大量に摂取する必要がある。

② Mg，S，Cl などで，からだの表面を保護する役割をもつ。

③ ほかの栄養素から合成できる成分である。

④ Ca，P，Fe などで，からだの機能の調整を行う。

問 3 栄養素は消化器官で消化されて体内に取り込まれる。消化の様子を示した模式図として
誤っているものを，次の①〜④のうちから一つ選べ。解答番号は 8 。

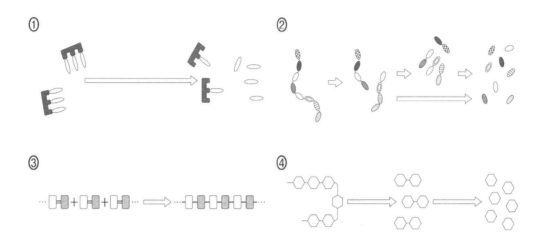

問 4 体内に取り込まれた栄養素の役割として最も適切なものを，次の①〜④のうちから一つ選
べ。解答番号は 9 。

① タンパク質は，体内で糖へ変化し，筋肉や骨の主成分になる。

② 炭水化物は，体内に吸収され，エネルギー源となる。

③ 油脂(脂質)は，体内で無機塩類(ミネラル)と結合して，酵素となる。

④ ビタミンは，体内の細胞の細胞膜の主成分となる。

問 5 食品に含まれる栄養素が変質しないように保存する方法として誤っているものを，次の①
〜④のうちから一つ選べ。解答番号は 10 。

① 食品添加物として保存料を加える。

② 防腐剤として酸素を加える。

③ 缶詰にして密閉する。

④ 冷蔵庫などで低温にする。

【選択問題】（ 3 ・ 4 のどちらか1題を選び解答する）

4 私たちの身の回りに存在するプラスチックについて，問1～問5に答えよ。

問1 次の文中の A ， B に当てはまる語句の組合せとして正しいものを，下の①～④のうちから一つ選べ。解答番号は 6 。

プラスチックは多数の分子が結合している高分子化合物からできている。高分子化合物を構成する小さな単位を A ，できあがった高分子化合物全体を B という。

	A	B
①	単量体（モノマー）	重合体（ポリマー）
②	単量体（モノマー）	縮合体（キューティクル）
③	複合体（ペプチド）	重合体（ポリマー）
④	複合体（ペプチド）	縮合体（キューティクル）

問2 ポリエチレンテレフタラートを用いてつくられた製品として適切なものを，次の①～④のうちから一つ選べ。解答番号は 7 。

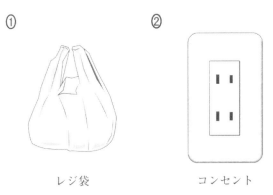

① レジ袋

② コンセント

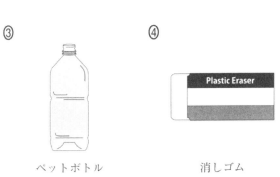

③ ペットボトル

④ 消しゴム

問3 新たなプラスチックとして開発された生分解性プラスチックについて述べた文として適切なものを，次の①～④のうちから一つ選べ。解答番号は 8 。

① 土の中に埋めると，微生物により水と二酸化炭素になる。

② 原材料が主に鉱物であるため，土壌に廃棄しても一体化し，土にかえる性質をもつ。

③ 電気を伝える性質があるため，タッチパネルやモバイル機器などに利用されている。

④ 大量の水を吸収する性質があるため，紙おむつなどに使われている。

問4 次の文中の C ～ E に当てはまる語句の組合せとして正しいものを，下の①～④のうちから一つ選べ。解答番号は 9 。

廃プラスチックの有効利用には，おもに3つのリサイクル方法がある。燃やして燃料として利用する C リサイクル，原料の石油などに戻して利用する D リサイクル，加工して新しい製品の材料として利用する E リサイクルである。

	C	D	E
①	サーマル	マテリアル	ケミカル
②	サーマル	ケミカル	マテリアル
③	ケミカル	サーマル	マテリアル
④	マテリアル	ケミカル	サーマル

問5 熱硬化性樹脂の説明とそのおもなプラスチックの組合せとして適切なものを，次の①～④のうちから一つ選べ。解答番号は 10 。

	説明	おもなプラスチック
①	熱を加えるとやわらかくなる	ポリエチレン
②	熱を加えるとやわらかくなる	尿素樹脂
③	熱を加えると硬くなる	ポリエチレン
④	熱を加えると硬くなる	尿素樹脂

【選択問題】（ 5 ・ 6 のどちらか１題を選び解答する）

5 ヒトの目の構造とはたらきについて，問１～問５に答えよ。

問１ 図１は，明るさの違いによる瞳孔の状態を示したものである。瞳孔の変化とそのしくみの説明の組合せとして正しいものを，下の①～④のうちから一つ選べ。解答番号は 11 。

ア

イ

図1

	図１のア，イの瞳孔の状態	瞳孔の拡大と縮小
①	アは明るいとき，イは暗いときの状態である	角膜が行う
②	アは暗いとき，イは明るいときの状態である	角膜が行う
③	アは明るいとき，イは暗いときの状態である	虹彩が行う
④	アは暗いとき，イは明るいときの状態である	虹彩が行う

問２ 次の文は網膜に関する説明である。この文の A ～ C にあてはまる名称の組合せとして正しいものを，下の①～④のうちから一つ選べ。解答番号は 12 。

網膜には明暗に反応する A と，明るい所ではたらいて色の識別に関係する B がある。網膜の C の部位には B が多く存在している。

	A	B	C
①	錐体細胞	桿体細胞	黄　斑
②	錐体細胞	桿体細胞	盲　斑
③	桿体細胞	錐体細胞	黄　斑
④	桿体細胞	錐体細胞	盲　斑

問 3 周囲の明るさの変化への順応には，明順応と暗順応とがある。明順応の説明として適切な
ものを，次の①～④のうちから一つ選べ。解答番号は ┃ 13 ┃ 。

① 日照時間の長い季節になると，明るさに同調した概日リズムをもつようになる。

② 明るい光を見続けたときに，目を閉じてもしばらくは光の刺激を感じる。

③ 暗い所から明るい所に急に出ると，最初はまぶしくて見えにくいが，やがて見えるよう
になる。

④ 明るい所から暗い所に入ると，最初は見えにくいが，やがて見えるようになる。

問 4 ヒトの眼の遠近調節で，遠いところに焦点を合わせるときのしくみについて述べた文とし
て最も適切なものを，次の①～④のうちから一つ選べ。解答番号は ┃ 14 ┃ 。

① 毛様体の筋肉が収縮し，チン小帯がゆるんで，ガラス体が厚くなる。

② 毛様体の筋肉がゆるんで，チン小帯が緊張し，ガラス体が薄くなる。

③ 毛様体の筋肉が収縮し，チン小帯がゆるんで，水晶体が厚くなる。

④ 毛様体の筋肉がゆるんで，チン小帯が緊張し，水晶体が薄くなる。

問 5 図 2 では，Aの縦線の方がBの縦線よりも長く見えるが，実際には同じ長さで描かれたも
のである。このような見え方を錯視という。錯視が生じる理由として最も適切なものを，下
の①～④のうちから一つ選べ。解答番号は ┃ 15 ┃ 。

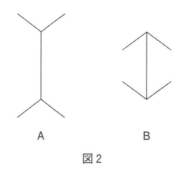

A   B

図 2

① 錯視は，視覚による情報を脳へ送る神経伝達の不具合によって生じる。

② 錯視は，視覚による情報を脳が事実と異なるように処理することで生じる。

③ 錯視は，身近な現象として知られるが，科学的には全く解明されていない。

④ 錯視は，右眼と左眼の遠近調節の微妙なずれが脳に伝わって生じる。

【選択問題】（ 5 ・ 6 のどちらか1題を選び解答する）

6 私たちの身の回りに存在する微生物について，問1～問5に答えよ。

問1 次の文の A ， B に当てはまる人物名の組合せとして正しいものを，下の①～④のうちから一つ選べ。解答番号は 11 。

17世紀，A は手製の顕微鏡でいろいろなものを観察し，微生物の存在を初めて明らかにした。その後19世紀に B は，「白鳥の首」のように曲げたフラスコを使い，微生物が自然には発生しないことを証明した。

	A	B
①	パスツール	コッホ
②	レーウェンフック	コッホ
③	レーウェンフック	パスツール
④	ジェンナー	パスツール

問2 次の文の C ， D に当てはまる組合せとして正しいものを，下の①～④のうちから一つ選べ。解答番号は 12 。

乳酸菌とタバコモザイクウイルスの大きさを比べると，乳酸菌の方がタバコモザイクウイルスよりも C 。また，それぞれを光学顕微鏡で観察すると D 。

	C	D
①	大きい	乳酸菌のみ観察することができる
②	大きい	乳酸菌とタバコモザイクウイルスの両方が観察できる
③	小さい	タバコモザイクウイルスのみ観察できる
④	小さい	乳酸菌とタバコモザイクウイルスの両方が観察できる

問3 製造時に，おもにカビのはたらきを利用していない食品を，次の①～④のうちから一つ選べ。解答番号は 13 。
① 日本酒
② しょうゆ
③ かつお節
④ ビール

問4 フレミングが発見したペニシリンという物質は，どのようなはたらきをするものか。正しいものを，次の①～④のうちから一つ選べ。解答番号は 14 。

① 抗生物質の一つであり，細菌の増殖を抑える。

② タンパク質を含む食品に加えると，ヨーグルト状に固める。

③ 血液中のグルコース濃度を下げる。

④ 食品の添加物で，うまみを増加させる。

問5 私たちの生活のなかで，微生物を利用した技術に活性汚泥法というものがある。この技術の説明として適切なものを，次の①～④のうちから一つ選べ。解答番号は 15 。

① 遺伝子組換えを行い，人間に利用可能な物質をつくり出す。

② 下水などの生活排水を浄化する。

③ 有害物質などが含まれた土地から，有害物質を減少・除去する。

④ 土壌中の微生物を増殖させ，植物の成長を促進する。

【選択問題】（ 7 ・ 8 のどちらか1題を選び解答する）

7 太陽や太陽系の惑星について，問1〜問5に答えよ。

問1 太陽の中心部は高温・高圧の状態であり，水素の原子核がヘリウムの原子核に変化する反応が生じている。この反応の名称として正しいものを，次の①〜④のうちから一つ選べ。解答番号は 16 。

① 放射性反応

② 核融合反応

③ ビッグバン

④ 核分裂反応

問2 太陽の表面には黒点が観察される。黒点の説明として正しいものを，次の①〜④のうちから一つ選べ。解答番号は 17 。

① 太陽の活動が盛んになると黒点の数は増える。

② 黒点は周囲から熱を吸収しているため，周囲の領域より温度が高い。

③ 黒点でのみ太陽内部のエネルギーが湧き出してくる。

④ 黒点は発生して数時間後には必ず消滅する。

問3 大気の影響がないとして，地球で，太陽から放射されたエネルギーを垂直に受ける1m²の面が1秒間に受け取るエネルギーを太陽定数という。図のように，地球の半径をr[m]，円周率をπ，太陽定数をa[J/(m²·s)]としたとき，地球が1秒間に太陽から受け取るエネルギーの総量[J]を表したものとして最も適切なものを，下の①〜④のうちから一つ選べ。解答番号は 18 。

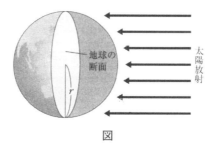

図

① $4a\pi r^2$

② $3a\pi r^2$

③ $2a\pi r^2$

④ $a\pi r^2$

問4　太陽系の惑星に関する説明として**誤っているもの**を，次の①～④のうちから一つ選べ。

解答番号は　19　。

① 水星の地下には固体の水が大量に存在し，表面には液体の水が流れた跡が確認されている。

② 金星の表面の大気圧は地球よりもかなり高く，大気の主成分は二酸化炭素であるため，表面温度は 460 ℃ にもなる。

③ 木星は水素を主成分とした巨大ガス惑星で，表面に縞模様がみられる。

④ 土星がもつリング(環)は小さな氷などでできており，地球からも天体望遠鏡を用いて観察することができる。

問5　地球の大気に含まれる気体の中で，温室効果をもつものの組合せとして最も適切なものを，次の①～④のうちから一つ選べ。解答番号は　20　。

① 二酸化炭素，酸素

② 二酸化炭素，窒素

③ 水蒸気，二酸化炭素

④ 水蒸気，窒素

【選択問題】（ 7 ・ 8 のどちらか１題を選び解答する）

8 水の循環と地形の成り立ちについて，問１〜問５に答えよ。

問１ 水の循環を引き起こすもとになるのはおもにどのようなエネルギーか。最も適切なもの を，次の①〜④のうちから一つ選べ。解答番号は 16 。
① 地球と月の位置関係により生じる位置エネルギー
② 地球の自転にともなう運動エネルギー
③ 地球内部にある熱エネルギー
④ 太陽から地球に届く太陽放射エネルギー

問２ 地表に露出した岩石は風化していく。風化について説明している次の文の A 〜 C に当てはまる語句の組合せとして適切なものを，下の①〜④のうちから一つ選べ。 解答番号は 17 。

岩石が風化する場合，一般に粒子の大きさは A なる。風化には大きく分けて２種類 あり，岩石の割れ目にしみ込んだ水などが凍ることによりおきる B と，岩石を構成す る鉱物に水がしみ込んで鉱物の性質が変化していくような C がある。

	A	B	C
①	小さく	化学的風化	物理的風化
②	小さく	物理的風化	化学的風化
③	大きく	化学的風化	物理的風化
④	大きく	物理的風化	化学的風化

問３ 川は水の循環の一部を担っており，侵食・運搬・堆積の作用がある。これらの川の作用の 説明として正しいものを，次の①〜④のうちから一つ選べ。解答番号は 18 。
① 川が上流の山間部を流れるときは流れが速いため，堆積作用が強くはたらき，川の一部 に三角州という地形がつくられる。
② 川が山間部から平野部に流れ出ると流れが遅くなり，堆積作用が強くはたらき，扇状地 という地形がつくられる。
③ 川が平野部を流れると流れが速くなり，河床を強く侵食し三日月湖という地形がつくら れる。
④ 川の河口部では流れが遅くなり，侵食作用が強くなってＶ字谷という地形がつくられる。

問4 川から海に流れ出した泥や砂は，海水によって運ばれ，海岸に沿って堆積し砂浜をつくる。入り江に沿って堆積する砂や泥は，図のように入り江を閉ざすよう細長く伸びた地形をつくり出すこともある。この地形の名称として正しいものを，下の①〜④のうちから一つ選べ。解答番号は 19 。

図

① 砂 州

② 海岸段丘

③ 海食台

④ 海食崖

問5 山間部で集中豪雨のような大量の雨が降ると，大量の水が谷底に堆積している土砂や岩石を巻き込んで流れ下り，大きな被害をもたらすことがある。この自然災害の名称として正しいものを，次の①〜④のうちから一つ選べ。解答番号は 20 。

① 火砕流

② 液状化

③ 土石流

④ 津 波

令和3年度 第2回

解答・解説

📖　令和3年度　第2回　高卒認定試験

---------　【　解　答　】　---------

1	解答番号	正答	配点	2	解答番号	正答	配点	3	解答番号	正答	配点	4	解答番号	正答	配点
問1	1	①	5	問1	1	③	5	問1	6	①	5	問1	6	①	5
問2	2	④	5	問2	2	③	5	問2	7	④	5	問2	7	③	5
問3	3	④	5	問3	3	①	5	問3	8	③	5	問3	8	①	5
問4	4	③	5	問4	4	④	5	問4	9	②	5	問4	9	②	5
問5	5	②	5	問5	5	②	5	問5	10	②	5	問5	10	④	5

5	解答番号	正答	配点	6	解答番号	正答	配点	7	解答番号	正答	配点	8	解答番号	正答	配点
問1	11	④	5	問1	11	③	5	問1	16	②	5	問1	16	④	5
問2	12	③	5	問2	12	①	5	問2	17	①	5	問2	17	②	5
問3	13	③	5	問3	13	④	5	問3	18	④	5	問3	18	②	5
問4	14	③	5	問4	14	②	5	問4	19	①	5	問4	19	①	5
問5	15	②	5	問5	15	②	5	問5	20	③	5	問5	20	③	5

---------　【　解　説　】　---------

1

問1　コインから出た光は境界面で屈折して眼に見ることができます。光が当たる面に垂直な直線と入射光がつくる角を入射角，この垂直な線と境界面を通過した屈折光がつくる角を屈折角といいます。水中から空気中へ斜めに入射するとき，屈折角は入射角より大きくなります。入射角がある角度よりも大きくなると，境界面で光がすべて反射される全反射という現象が起こります。また，光が境界面に垂直に入射すると，光は直進します。②の場合は光が直進せず屈折しており，③と④は光がカップの側面に当たっているため，このような屈折は起きないので不適切です。したがって，正解は①となります。

解答番号【1】：1　　⇒　重要度A

問2　空のコップでは側面からコインが見えていますが，コップに水を入れることで空気との境界面で光の屈折が起こり，光の進む方向が変わります。本問ではコップを側面から見ているため，光の入射角が非常に大きくなっています。入射角と屈折角の関係は，光が透明な物体から空気中に出るとき，屈折角が入射角より大きくなることですが，入射角が一定の角度（臨界角）を超えると境界面で全反射が起こります。コインが見えなくなるのはこのためです。したがって，正解は④となります。

解答番号【2】：4　　⇒ 重要度B

問3　光の回折が起こるとスリットを通過した光が扇状に広がります。スリットSを通過したのちに回折して広がり，2つのスリットA，Bを通過してさらに回折により広がった光は互いに干渉し，スクリーン上で強め合う明るい部分と弱め合う暗い部分が縞模様となって観測されます。回折では光の波が障害物の背後などに回り込んで伝わっていき，干渉では回折で生じた複数の光の波が重なり合うことで強め合ったり弱め合ったりします。したがって，正解は④となります。

解答番号【3】：4　　⇒ 重要度A

問4　光のスペクトルを観測するために用いる器具はプリズムです。ガラスや水晶のような透明な媒質でできた多面体で，その面のうち少なくとも一組が平行でないもので，一般的には三角形の形状をしています。平面鏡は光を反射し，凸レンズは光を同じ位置に集めるための器具です。また，偏光板は特定方向に偏光した光以外を遮断するのに用います。したがって，正解は③となります。

解答番号【4】：3　　⇒ 重要度A

問5　極超短波，センチ波，ミリ波，サブミリ波は電波の中で波長が短く，いずれもマイクロ波の一種となります。可視光線よりもすこし波長が短く，殺菌の作用をもつのは紫外線です。また，ガンマ線は医薬品，医療廃棄物，食品などの滅菌や工業的なX線写真などに用いられています。したがって，正解は②となります。

解答番号【5】：2　　⇒ 重要度B

2

問1　温度は，物体を構成する原子・分子が，無秩序に動き続ける熱運動の激しさを表すものです。1気圧のもとで，水が氷になる温度を0度，水が沸騰する温度を100度とするものをセルシウス温度といいます。これに対して，絶対温度（K）はセルシウス温度＋273で求めることができます。したがって，正解は③となります。

解答番号【1】：3　　⇒ 重要度A

問2　高い所にある物体がもつエネルギーのことを重力の位置エネルギーといいます。したがって，③が正解となります。

解答番号【2】：3　　⇒ 重要度A

問3　熱量計と熱量計内の水を合わせた熱容量が5000J/Kであるということは，温度を1度上昇させるのに5000Jの熱量が必要であることを意味します。今，温度は20.2℃から20.4℃に変化しており，0.2℃ほど上昇しています。温度を0.2℃だけ上昇させるのに必要な熱量は$5000 \times 0.2 = 1000$Jとなります。したがって，正解は①となります。

解答番号【3】：1　　⇒ 重要度B

問4　①火力発電では熱エネルギーを電気エネルギーに変換しています。②地熱発電では地下のマグマの熱エネルギーを電気エネルギーに変換しています。③太陽電池では太陽の光エネルギーを電気エネルギーに変換しています。したがって，正解は④となります。

解答番号【4】：4　　⇒ **重要度A**

問5　熱効率は熱として投入されるエネルギーのうち，動力や電力などのエネルギーに変換される割合です。80Jの熱量を得て60Jの熱を放出したということは，その差の20Jが仕事に用いられるエネルギーに変換されたということです。熱効率は $20 \div 80 \times 100 = 25\%$ となります。したがって，正解は②となります。

解答番号【5】：2　　⇒ **重要度B**

3

問1　②バターやニンジンにはタンパク質は多く含まれていません。③白菜には油脂は多く含まれていません。④ビタミンは有機化合物になるので，食塩のような無機物には含まれていません。したがって，正解は①となります。

解答番号【6】：1　　⇒ **重要度A**

問2　ミネラルは健康の維持のために一定量を摂取する必要がありますが，過剰摂取は体にさまざまな不調を招く可能性があります。また，体内で合成できないため食物から摂取することが必要です。体内において最も多く存在しているミネラルはカルシウム（Ca）ですが，これは歯や骨を形作っているほか，血液や筋肉中において出血を予防したり，心臓の筋肉の収縮作用を増したりするはたらきをもちます。したがって，正解は④となります。

解答番号【7】：4　　⇒ **重要度B**

問3　栄養素は消化酵素のはたらきにより分解され，体内に取り込まれていきます。①は脂質が脂肪酸とグリセリンに分解される過程，②はタンパク質がアミノ酸に分解される過程，④はデンプン（炭水化物）が二糖類，単糖類に分解される過程を表しています。したがって，正解は③となります。

解答番号【8】：3　　⇒ **重要度C**

問4　①タンパク質は体内でアミノ酸に分解されて吸収され，筋肉や内蔵などの主成分となります。また，酵素などの主成分となるものもあります。③脂質はタンパク質や糖質の2倍のエネルギーをつくり出すことができる栄養素です。また，細胞膜やホルモンの構成成分としても重要なはたらきをもちます。④ビタミンはヒトが健全に成長し，健康を維持するはたらきがあり，ほかの栄養素がうまくはたらくための潤滑油のような役割をもちます。したがって，正解は②となります。

解答番号【9】：2　　⇒ **重要度B**

問5　栄養素の変質は微生物や酸化の作用などによって起きます。保存料は微生物の増殖を抑制するものです。缶詰にして密閉したり，冷蔵庫などで低温にすることも変質を防ぐ

方法となります。したがって，②が正解となります。

解答番号【10】：2　　⇒ 重要度A

4

問1　プラスチックは多数の分子が結合している高分子化合物からできており，それを構成する小さな単位を単量体（モノマー），できあがった高分子化合物全体を重合体（ポリマー）といいます。したがって，①が正解となります。

解答番号【6】：1　　⇒ 重要度B

問2　①はポリエチレン，②はポリプロピレン，④はポリ塩化ビニルからつくられます。したがって，③が正解となります。

解答番号【7】：3　　⇒ 重要度A

問3　生分解性プラスチックは，微生物によって完全に消費され自然的副産物（炭酸ガス，メタン，水，バイオマスなど）のみが生じる材料です。原料は生物資源（バイオマス）由来のものと，石油由来のものがあり，主流はデンプンや糖を由来とするものが多くなっています。したがって，正解は①となります。

解答番号【8】：1　　⇒ 重要度B

問4　廃プラスチックの有効利用には，燃やして燃料として利用するサーマルリサイクル，原料の石油などに戻して利用するケミカルリサイクル，加工して新しい製品の材料として利用するマテリアルリサイクルの3つの方法があります。したがって，正解は②となります。

解答番号【9】：2　　⇒ 重要度B

問5　熱を加えると硬くなるのが熱硬化性樹脂の特徴です。一方，加熱により軟化して成形できるものが熱可塑性樹脂です。熱硬化性樹脂にはフェノール樹脂や尿素樹脂などがあります。したがって，正解は④となります。

解答番号【10】：4　　⇒ 重要度B

5

問1　瞳孔は眼の虹彩によって囲まれた部分で黒く見えます。眼に入る光量を調節するはたらきをもちます。暗いときは瞳孔が拡大し明るいときは瞳孔が縮小しますが，これは虹彩によって調整されます。したがって，正解は④となります。

解答番号【11】：4　　⇒ 重要度B

問2　網膜には明るさと暗さを感知する桿体細胞と，明るいところではたらいて色の識別に関係する錐体細胞があります。桿体細胞は網膜全体に分布しているのに対して，錐体細

胞は網膜の中心部である黄斑に多く存在します。したがって，正解は③となります。

解答番号【12】：3 ⇒ 重要度B

問3　暗いところから明るいところに急に出ると，最初はまぶしくて見えにくいが，やがて見えるようになることを明順応といいます。これに対して，明るいところから暗いところに入ると，最初は見えにくいが，やがて見えるようになることを暗順応といいます。したがって，正解は③となります。

解答番号【13】：3 ⇒ 重要度A

問4　ヒトの眼は，遠いところに焦点を合わせると，毛様体の筋肉がゆるんで，チン小帯が緊張し，水晶体が薄くなります。一方，近いところに焦点を合わせると，毛様体の筋肉が収縮し，チン小帯がゆるんで，水晶体が厚くなります。したがって，正解は④となります。

解答番号【14】：4 ⇒ 重要度B

問5　錯視とは，いわゆる「目の錯覚」のことで，目で見たときに，実際とは違って感じ取られる心理的な現象のことです。錯視にはいろいろな種類があり，ものの大きさ・角度・色が変わって見えるもの，止まっているものが動いて見えるもの，ないものが見えるもの，平面なのに立体的に見えるものなど，多くの錯視が確認されています。図2では縦線から斜めの線を取ってしまえば，同じ長さであることが認識されますが，この斜めの線があることによって，見る側がこの図を立体的にとらえてしまうと，視覚による情報を脳が事実と異なるように処理することになります。したがって，②が正解となります。

解答番号【15】：2 ⇒ 重要度B

6

問1　17世紀にはオランダのレーウェンフックが手製の顕微鏡を用いて，初めて微生物を観察しました。また，19世紀にはフランスのパスツールが「白鳥の首」の形をしたフラスコを用いた実験により，微生物が自然には発生しないことを主張しました。コッホは炭疽菌や結核菌などの発見者，ジェンナーは天然痘ワクチンを開発した人物です。したがって，正解は③となります。

解答番号【11】．3 ⇒ 重要度B

問2　乳酸菌は細菌の一種です。細菌の大きさは0.3～3μmで光学顕微鏡であれば，かろうじて見ることができるサイズです。しかし，ウイルスは細菌よりもさらに小さく，50分の1程度の大きさであるため，電子顕微鏡でしか見ることができません。したがって，①が正解となります。

解答番号【12】：1 ⇒ 重要度A

問3　①，②，③はいずれも製造の過程でカビを利用しています。ビールは大麦からつくられますが，製造過程では酵母による発酵を利用しており，カビのはたらきは利用していません。したがって，④が正解となります。

解答番号【13】： 4 　⇒ 重要度B

問4　②豆腐をつくるときのにがりなどが考えられます。③インスリンと呼ばれるホルモンのはたらきです。④グルタミン酸ナトリウムなどが該当します。したがって，①が正解となります。

解答番号【14】： 1 　⇒ 重要度A

問5　活性汚泥法とは，好気性微生物に水中の有機物を処理させて汚水を浄化する技術です。①はバイオテクノロジー，③と④はバイオレメディエーションに関する内容です。したがって，正解は②となります。

解答番号【15】： 2 　⇒ 重要度B

7

問1　太陽の中心部において，水素の原子核がヘリウムの原子核に変化する反応を核融合反応といいます。したがって，正解は②となります。

解答番号【16】： 2 　⇒ 重要度A

問2　黒点は，太陽の表面において周囲よりも温度が低くなっており，弱い光のために黒く見える部分です。黒点は太陽の自転にともなって東から西へ移動しますが，裏側を回って再び地球から見える側に出てきても消えておらず，1か月ほど存在する寿命の長いものもあります。一般的に太陽の活動が盛んになると黒点の数は増えるといわれています。したがって，①が正解となります。

解答番号【17】： 1 　⇒ 重要度B

問3　地球が1秒間に太陽から受け取るエネルギーの総量は，図において半径 r の円の面積に太陽定数を乗じた値になります。計算すると $a \times \pi r^2 = a\pi r^2$ となります。したがって，正解は④となります。

解答番号【18】： 4 　⇒ 重要度B

問4　水星は太陽系の惑星のうち最も太陽に近い軌道を公転している惑星です。太陽系の惑星の中で大きさも質量も最小で，表面は月に似ており多くのクレーターが存在します。また，地球型惑星の特徴として，中心に金属を含む核があり，その周囲は岩石でおおわれています。したがって，正解は①となります。

解答番号【19】： 1 　⇒ 重要度A

問5　地球の大気に含まれる気体で，温室効果をもつものは水蒸気と二酸化炭素です。温室効果は，地球から放射される熱を吸収することで，大気圏内部の気温を上昇させる現象です。したがって，正解は③となります。

解答番号【20】： 3 　⇒ 重要度A

8

問1　水の循環を引き起こすもとになるのは，太陽から地球に届く太陽放射エネルギーです。地球上の水は，海水や河川の水として常に同じ場所に留まっているのではなく，太陽のエネルギーによって海水や地表面の水が蒸発し，上空で雲になり，やがて雨や雪になって地表面に降り，それが次第に集まり川となって海に至るというように，絶えず循環しています。したがって，正解は④となります。

　　　解答番号【16】：4　　⇒ 重要度A

問2　岩石が風化する場合，一般に粒子の大きさは小さくなります。風化には大きく分けて2種類あり，岩石の割れ目にしみ込んだ水などが凍ることにより起きる物理的風化と，岩石を構成する鉱物に水がしみ込んで鉱物の性質が変化していくような化学的風化があります。したがって，②が正解となります。

　　　解答番号【17】：2　　⇒ 重要度A

問3　①川が上流の山間部を流れるときは流れが速いため，侵食作用が強くはたらきV字谷のような地形がつくられます。③川が平野部を流れると流れが遅くなり，堆積作用がはたらいて扇状地などが形成されます。④川の河口部では流れがゆるやかになり，堆積作用によって三角州がつくられます。したがって，正解は②となります。

　　　解答番号【18】：2　　⇒ 重要度A

問4　図のような地形を砂州といいます。砂州は海岸や湖岸の近くに見られる地形で，流水によって運ばれた砂が波と沿岸流の影響で，細長い形に堆積した地形です。したがって，正解は①となります。

　　　解答番号【19】：1　　⇒ 重要度A

問5　山間部で大雨が降ると，大量の水が谷底に堆積している土砂や岩石を巻き込んで流れ下り，大きな被害をもたらすことがあります。これを土石流といいます。①は火山の噴火などの火山活動，②と④は地震を原因として発生する災害です。したがって，正解は③となります。

　　　解答番号【20】：3　　⇒ 重要度A

令和3年度 第1回
高卒認定試験

科学と人間生活

解答時間　50分

1 【選択問題】 1 ・ 2 のどちらか1題， 3 ・ 4 のどちらか1題， 5 ・ 6 のどちらか1題， 7 ・ 8 のどちらか1題の計4題を選んで，解答する問題番号を記入及びマークした上で，解答すること。5題以上にわたり解答した場合は採点できないので注意すること。

1 ・ 2	の解答番号は	1	から	5
3 ・ 4	の解答番号は	6	から	10
5 ・ 6	の解答番号は	11	から	15
7 ・ 8	の解答番号は	16	から	20

科学と人間生活

$$\left(\text{解答番号}\ \boxed{1}\ \sim\ \boxed{20}\ \right)$$

【選択問題】（ $\boxed{1}$ ・ $\boxed{2}$ のどちらか1題を選び解答する）

$\boxed{1}$ 光の性質とその利用について，問1～問5に答えよ。

図1のように，白色光を水の入った直方体の水槽に斜め上方からスリットを通して，床に置いたスクリーンに当てた。図2は，それを真横から見たようすを表したものである。水面に当たった白色光の一部は水中を通過し，さらに水中から空気中へ進み，床に置いたスクリーンに達した。このときスクリーンに帯状の光が映った。

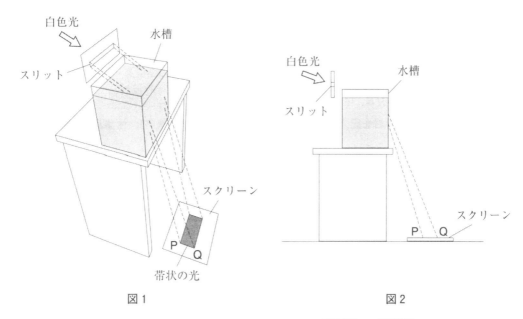

図1   図2

問1 スクリーンに映った光について説明した次の文中の $\boxed{A}$ ， $\boxed{B}$ に入る語句の組合せとして正しいものを，下の①～④のうちから一つ選べ。解答番号は $\boxed{1}$ 。

光は異なる媒質へ進むとき境界面で屈折する。水槽内の水がプリズムと同じはたらきをし，スクリーンに帯状の光が映った。この帯状の光を $\boxed{A}$ という。 $\boxed{A}$ は，光の波長により屈折率が異なるために，光が $\boxed{B}$ することによって生じる。

	A	B
①	マイクロ波	偏 向
②	マイクロ波	分 散
③	スペクトル	偏 向
④	スペクトル	分 散

問2 図3のように，床に置いたスクリーンにはPからQに帯状の光が映っている。この帯状の光について，PからQの色の順として適切なものを，下の①〜④のうちから一つ選べ。解答番号は 2 。

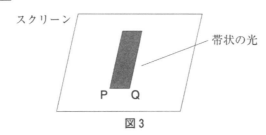

図3

① 青，赤，黄

② 青，黄，赤

③ 赤，青，黄

④ 赤，黄，青

問3 図4のように，床に置いたスクリーンを平面鏡に変えると，光は反射して床と平行な天井に届いた。この光の進み方について説明した次の文中の C ， D に入る語句の組合せとして正しいものを，下の①〜④のうちから一つ選べ。解答番号は 3 。

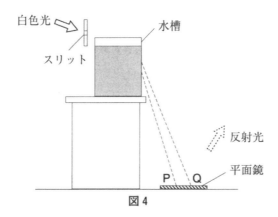

図4

帯状の光のうち，Pで反射する光の反射角は，Qで反射する光の反射角よりも C 。そのため，平面鏡で反射して天井に届いた帯状の光の幅は，図1の帯状の光の幅よりも D なる。

	C	D
①	大きい	広 く
②	大きい	狭 く
③	小さい	広 く
④	小さい	狭 く

問4 光の性質について説明した次の文中の　E　，　F　に入る語句の組合せとして正しいものを，下の①～④のうちから一つ選べ。解答番号は　4　。

　　太陽光は，大気中の分子などの粒子に衝突すると，あらゆる向きに進んでいく。このような現象を光の　E　という。太陽光のうち波長の　F　青色の光ほど　E　されやすいので，昼間は空が青く見える。

	E	F
①	散 乱	短 い
②	散 乱	長 い
③	回 折	短 い
④	回 折	長 い

問5 赤外線や紫外線の性質について説明する文として**誤っているもの**を，次の①～④のうちから一つ選べ。解答番号は　5　。

① 赤外線や紫外線は，電気的・磁気的な振動が伝わる電磁波である。

② 赤外線と紫外線では，紫外線の方が波長は長い。

③ 赤外線は発熱する物体から放射され，熱を伝える性質をもつ。

④ 紫外線は蛍光物質を光らせるはたらきがある。

【選択問題】（ 1 ・ 2 のどちらか1題を選び解答する）

2 熱やエネルギーに関する現象や実験について，問1〜問5に答えよ。

　水を入れた鍋を火にかけたり，ストーブをつけたりすると，温められた水や空気が上昇し，熱が全体に伝わる。このような液体や気体の移動を伴って熱が伝わることを A という。

　一方で，たき火やストーブの前に立つと，体が温められる。このような電磁波によって熱が伝わることを B という。

問1　文中の A ， B に入る語句の組合せとして正しいものを，次の①〜④のうちから一つ選べ。解答番号は 1 。

	A	B
①	対流	伝導
②	対流	放射
③	循環	伝導
④	循環	放射

問2　熱の伝わり方に関する記述として**適切でないもの**を，次の①〜④のうちから一つ選べ。解答番号は 2 。

① 太陽からの電磁波の一部は，大気や地表で吸収されて熱となる。

② 晴れた日の夜間には，地球から宇宙空間に向けて熱が伝わり，気温が下がる。

③ 鉄は熱を伝えやすいので，室温の鉄棒に触れると，指先の熱が奪われて冷たく感じる。

④ 空気は熱を伝えやすいので，断熱材として空気層を挟んだものが使われる。

同じ質量で異なる材質の板A，板B，板Cがあり，各板の材質は，銀（比熱0.2），銅（比熱0.4），ガラス（比熱0.8）のいずれかである。板Bと板Cの温度は等しく T_0 で，T_0 は板Aの温度 T_A より低かった。

図は，板Bに板Aを接触させた場合（実験Ⅰ）と，板Cに板Aを接触させた場合（実験Ⅱ）とで，どのように板の温度の時間変化が異なるかを比べた実験結果である。実験ⅠまたはⅡにおいて，接触させた2枚の板が達した温度は T_1 または T_2 であり，$T_1 < T_2$ となった。ただし，熱は接触させた2枚の板の間のみで移動するものとする。

令和3年度第1回試験

実験Ⅰ（板Bに板Aを接触させた場合）　　　　実験Ⅱ（板Cに板Aを接触させた場合）

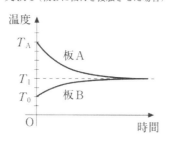
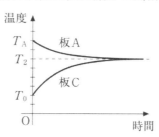

図

問3　この実験を説明する文として**適切でないもの**を，次の①〜④のうちから一つ選べ。

　　解答番号は　3　。

① 実験Ⅰにおいて，2枚の板は温度 T_1 で熱平衡の状態になった。

② 実験Ⅱにおいて，板Aが失った熱量と板Cが得た熱量は等しい。

③ 実験Ⅱの板Aよりも，実験Ⅰの板Aの方が，より大きな熱量を失った。

④ 実験Ⅰの板Bよりも，実験Ⅱの板Cの方が，より大きな熱量を得た。

問4　板A，板B，板Cの材質の組合せとして最も適切なものを，次の①〜④のうちから一つ選べ。解答番号は　4　。

	板　A	板　B	板　C
①	銅	ガラス	銀
②	銅	銀	ガラス
③	銀	銅	ガラス
④	ガラス	銅	銀

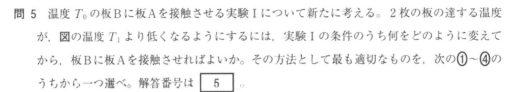

問 5 温度 T_0 の板Bに板Aを接触させる実験 I について新たに考える。2枚の板の達する温度
が，図の温度 T_1 より低くなるようにするには，実験 I の条件のうち何をどのように変えて
から，板Bに板Aを接触させればよいか。その方法として最も適切なものを，次の①～④の
うちから一つ選べ。解答番号は [5]。

① 板Aの温度 T_A を，より高くする。

② 板Aを，より比熱の大きい材質の板にする。

③ 板Bの質量を，より大きくする。

④ 板Bの熱容量を，より小さくする。

令和3年度第1回試験

【選択問題】（ 3 ・ 4 のどちらか1題を選び解答する）

3 金属について，問1〜問5に答えよ。

問1 金属の性質に関して説明した次の文中の A ， B に入る語句の組合せとして正しいものを，下の①〜④のうちから一つ選べ。解答番号は 6 。

金属は熱や電気をよく通し，独特の光沢がある。また， A という性質がある。これは金属が B をもつためである。

	A	B
①	展性・延性	陰イオン
②	展性・延性	自由電子
③	熱可塑性	陰イオン
④	熱可塑性	自由電子

問2 図のように，酸化物を含む鉱石をコークスや石灰石とともに溶鉱炉（高炉）に入れ，熱風を吹き込むことで，ある金属が得られる。この金属として適切なものを，下の①〜④のうちから一つ選べ。解答番号は 7 。

図

① 銅

② アルミニウム

③ 鉄

④ 金

令和3年度第1回試験

問3　1円硬貨に使われているアルミニウムに関して説明した次の文中の　C　，　D　に入る語句の組合せとして正しいものを，下の①〜④のうちから一つ選べ。解答番号は　8　。

　　アルミニウムは鉄や銅に比べて密度が　C　く，やわらかい金属であり，飲料用缶などに使われている。また，同じ質量のアルミニウムを得る場合，アルミナを電気分解するのと，回収したアルミニウム缶を融かして再利用するのとでは，電気の消費量は　D　の方が小さい。

	C	D
①	小　さ	電気分解
②	小　さ	再利用
③	大　き	電気分解
④	大　き	再利用

問4　金色の光沢があり，楽器や5円硬貨に用いられている合金の成分として適切なものを，次の①〜④のうちから一つ選べ。解答番号は　9　。
① 銅，亜鉛
② 鉄，クロム，ニッケル
③ アルミニウム，銅，マグネシウム，マンガン
④ 銅，ニッケル

問5　金属がさびることを防ぐ方法の一つであるめっきに関する記述として適切なものを，次の①〜④のうちから一つ選べ。解答番号は　10　。
① 表面に金属以外の物質を塗る。
② 表面をやすりなどで削る。
③ 表面を酸化物などに変える。
④ 表面を他の金属でおおう。

【選択問題】（ 3 ・ 4 のどちらか1題を選び解答する）

4 栄養素について，問1～問5に答えよ。

問1 私たちの健康の維持に必要な三大栄養素の組合せとして正しいものを，次の①～④のうち
から一つ選べ。解答番号は 6 。

① 炭水化物，タンパク質，無機質

② 油脂(脂質)，タンパク質，ビタミン

③ 油脂(脂質)，無機質，ビタミン

④ 炭水化物，油脂(脂質)，タンパク質

問2 次のア～ウは，ある栄養素について述べたものである。ア～ウのすべてに当てはまる栄養
素を最も多く含む食品として適切なものを，下の①～④のうちから一つ選べ。
解答番号は 7 。

ア 消化器官で単糖にまで分解されたのち，体内に吸収される。

イ 生命活動のエネルギー源となるほか，グリコーゲンとして体内の器官に蓄えられる。

ウ だ液の中に含まれるアミラーゼにより分解される。

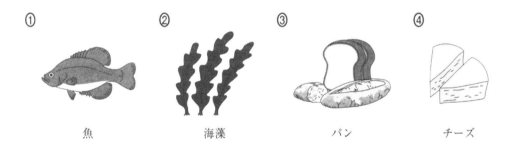

①	②	③	④
魚	海藻	パン	チーズ

問 3 油脂(脂質)に関して説明した次の文中の　A　～　C　に入る語句の組合せとして正しいものを，下の①～④のうちから一つ選べ。解答番号は　8　。

　　油脂は，炭素，水素，　A　の３つの元素からなる化合物で，グリセリンと脂肪酸で構成されている。油脂は消化器官で酵素の　B　により，モノグリセリド１分子と脂肪酸　C　分子に分解され，体内に吸収される。

	A	B	C
①	窒　素	ペプシン	2
②	酸　素	リパーゼ	2
③	窒　素	リパーゼ	3
④	酸　素	ペプシン	3

問 4 タンパク質を含む水溶液に水酸化ナトリウム水溶液を加えたのち，少量の硫酸銅(Ⅱ)水溶液を加えるとある色に変化する。この反応により変化した色として適切なものを，次の①～④のうちから一つ選べ。解答番号は　9　。
① 赤紫色
② 橙黄色
③ 青緑色
④ 黒褐色

問 5 栄養素の説明として適切でないものを，次の①～④のうちから一つ選べ。解答番号は　10　。
① 油脂は，体内に吸収されたのちにエネルギー源となる。
② 炭水化物は，炭素，水素，酸素，窒素の４種類の元素から構成されている。
③ ビタミンには，少量でからだの機能を調節するはたらきがある。
④ タンパク質は，約20種類のアミノ酸から構成されている。

【選択問題】（ 5 ・ 6 のどちらか1題を選び解答する）

5 生物と光のかかわりについて，問1～問5に答えよ。

　植物の種子の発芽には光が関係しているものがある。光が当たると発芽する種子を A 種子といい，タバコの種子や B の種子が例としてあげられる。

　吸水した脱脂綿を入れたシャーレに A 種子を入れて，図のア～エの4つの異なる環境条件で，同じ時間実験を行った。その結果，環境条件 C の種子が発芽した。

ア	暗所			

イ	暗所	赤色光を照射	遠赤色光を照射	暗所

ウ	暗所	赤色光を照射	暗所	

エ	暗所	赤色光を照射	遠赤色光を照射	赤色光を照射	暗所

→ 時間

図

問1　文中の A ， B に入る語句や植物の組合せとして正しいものを，次の①～④のうちから一つ選べ。解答番号は 11 。

	A	B
①	光発芽	カボチャ
②	光発芽	レタス
③	暗発芽	カボチャ
④	暗発芽	レタス

問2　文中の C に入るア～エの組合せとして適切なものを，次の①～④のうちから一つ選べ。解答番号は 12 。

① ア，イ

② イ，ウ

③ ア，エ

④ ウ，エ

多くの生物は自然界において，およそ24時間周期の生活を営んでいる。これは生物には，
[D] 時計と呼ばれるしくみが備わっているためである。現代社会では工場やコンビニエンス
ストアのように24時間体制の職場があり，夜間に明るい照明の下で過ごす場合がある。このよ
うな環境では，[D] 時計を外界の24時間周期に同調させることが難しくなる。その結果
[E] リズムに障害が起こり，睡眠が乱れる。また，ヒトは太陽光の [F] を浴びること
で，体の中にビタミンDを合成することができる。このビタミンDは，小腸でカルシウムの吸収
を促進し骨の形成に重要である。

問3　文中の [D] ，[E] に入る語句の組合せとして正しいものを，次の①〜④のうちか
　　ら一つ選べ。解答番号は [13] 。

	D	E
①	生　体	概　日
②	体　内	日　周
③	体　内	概　日
④	生　体	日　周

問4　文中の [F] に入る語句として正しいものを，次の①〜④のうちから一つ選べ。
　　解答番号は [14] 。
　① 赤外線
　② 可視光線
　③ 紫外線
　④ Ｘ　線

問5　さまざまな生物と光のかかわりについての記述として適切でないものを，次の①〜④のう
　　ちから一つ選べ。解答番号は [15] 。
　① 発芽したダイコンの芽生えに1方向から光をあてると，光の方向に向かって曲がる。こ
　　　の性質を正の光周性という。
　② ホタルは暗闇の中で雄と雌が出会うため，求愛シグナルとして体を発光する。
　③ 野生動物の中には，短日条件になると交尾行動を始め，1年の限られた時期に繁殖する
　　　ものもいる。
　④ ゴキブリは光から逃げて暗闇に集まる。この性質を負の光走性という。

【選択問題】（ 5 ・ 6 のどちらか1題を選び解答する）

6 微生物に関する研究の歴史や利用などについて，問1～問5に答えよ。

問1 図は，パスツールが行った実験をまとめたものである。この実験によってパスツールが明らかにしたことの説明として最も適切なものを，下の①～④のうちから一つ選べ。解答番号は 11 。

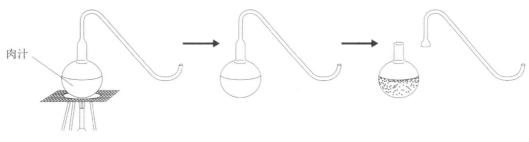

肉汁

フラスコの口の部分
をS字状に曲げて煮
沸する。

そのまま放置しても
肉汁は腐敗しない。

フラスコの首の部分
を切断すると数日後，
肉汁が腐敗する。

図

① 微生物は熱に強い。

② 微生物の活動は常温では抑えられる。

③ 微生物は自然発生しない。

④ 微生物の活動には新鮮な空気は必要ない。

問2 アルコール発酵は酵母という微生物によって行われる反応である。酵母について説明した次の文中の A ， B に入る語句の組合せとして正しいものを，下の①～④のうちから一つ選べ。解答番号は 12 。

酵母は A に分類され， B と呼ばれる細胞でできている。

	A	B
①	菌 類	原核細胞
②	細 菌	原核細胞
③	菌 類	真核細胞
④	細 菌	真核細胞

問3 アルコール発酵の説明として適切なものを，次の①〜④のうちから一つ選べ。

解答番号は　13　。

① グルコースが合成される反応である。

② エタノールが水に分解される反応である。

③ 反応の過程で二酸化炭素が生成される。

④ 反応の過程で酸素を必要とする。

問4 アルコール発酵を利用してつくられた食品の組合せとして最も適切なものを，次の①〜④のうちから一つ選べ。解答番号は　14　。

① 納豆，ビール

② 納豆，ヨーグルト

③ しょうゆ，ヨーグルト

④ パン，ビール

問5 抗生物質は微生物による感染症の治療などに使われている。抗生物質の説明として最も適切なものを，次の①〜④のうちから一つ選べ。解答番号は　15　。

① 微生物によって合成される物質で，他の微生物の成長を抑えるはたらきがある。

② 植物から抽出される物質で，微生物の成長を抑えるはたらきがある。

③ 微生物によって合成される物質で，ヒトの免疫力を高めるはたらきがある。

④ 植物から抽出される物質で，ヒトの免疫力を高めるはたらきがある。

【選択問題】（ 7 ・ 8 のどちらか1題を選び解答する）

7 　地震とそれに伴う災害について，問1～問5に答えよ。

令和3年度第1回試験

問1　日本の地震の震度階級についての説明として適切なものを，次の①～④のうちから一つ選べ。解答番号は　16　。

① 震度1から7までの7段階である。

② 震度0から7までの8段階である。

③ 震度1から7までの9段階である。

④ 震度0から7までの10段階である。

問2　写真1は1995年1月の兵庫県南部地震の結果，地表に表れた亀裂である。このような亀裂は日本に多く分布し，今後も地震を引き起こす可能性を秘めている。この名称として適切なものを，下の①～④のうちから一つ選べ。解答番号は　17　。

写真1

① 中央海嶺

② 活断層

③ ホットスポット

④ トラフ

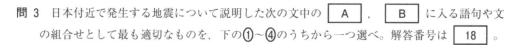

問3 日本付近で発生する地震について説明した次の文中の A ， B に入る語句や文の組合せとして最も適切なものを，下の①～④のうちから一つ選べ。解答番号は 18 。

日本列島付近では，海洋プレートが大陸プレートの下に沈み込んでいる。海溝沿いで起こる地震は A と呼ばれ，マグニチュードが大きいと津波が発生することがある。一方，大陸プレートの内部で起こる地震は一般に B 。

	A	B
①	内陸地殻内地震	震源が浅い場合，震央の震度は大きくなる
②	内陸地殻内地震	マグニチュードが小さいので，被害も少ない
③	プレート境界型地震	震源が浅い場合，震央の震度は大きくなる
④	プレート境界型地震	マグニチュードが小さいので，被害も少ない

問4 2011年3月に起きた東北地方太平洋沖地震では，津波により多くの被害が発生した。津波の説明として最も適切なものを，次の①～④のうちから一つ選べ。解答番号は 19 。

① 海底の急激な隆起や沈降によって起こる。

② 沖ではゆっくり伝わり，陸に近づくほど速く伝わる。

③ 湾の奥の方では，波高が低くなる傾向にある。

④ 震度4以上の地震では必ず津波が発生する。

問5 地震が発生すると液状化が起こることがある。**写真2**は1964年6月の新潟地震での液状化で建物が倒壊した様子である。液状化についての説明として**適切でない**ものを，下の①～④のうちから一つ選べ。解答番号は 20 。

写真2

① 川や海の近くでは起こりやすい。

② 砂が地下水とともに吹き出すことがある。

③ 土砂が時速20～40kmの速さで流れる。

④ 地震動によって砂の粒子の結合がゆるみ，砂が流動することで起こる。

【選択問題】（ 7 ・ 8 のどちらか1題を選び解答する）

8 太陽と太陽系の惑星について，問1～問5に答えよ。

令和3年度第1回試験

問1 望遠鏡と投影板を使った太陽の表面の観察について述べた文として**適切でないもの**を，次の①～④のうちから一つ選べ。解答番号は 16 。

① 投影板に映る太陽の像が中心になるように，望遠鏡をのぞきながら太陽を導入する。

② 太陽を導入後，投影板に映る像のピントを合わせる。

③ 太陽の像とスケッチ用紙の円が一致するように，投影板を前後に動かし調節する。

④ 太陽の表面の様子を記録し，観察した日時や使用した望遠鏡なども記録する。

問2 **写真**は，望遠鏡に特殊なフィルターを装着して撮影したときの太陽の画像である。太陽の表面にみられる黒い部分（写真の○で囲まれた部分）の名称として正しいものを，下の①～④のうちから一つ選べ。解答番号は 17 。

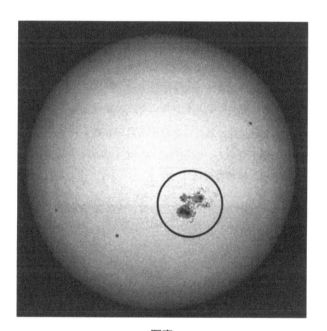

写真 （国立天文台ホームページより）

① 黄　点

② 黒　点

③ 白　斑

④ 大赤斑

問3　太陽について説明した次の文中の　A　，　B　に入る語句の組合せとして正しいものを，下の①～④のうちから一つ選べ。解答番号は　18　。

　　太陽は，太陽系の中心となる天体で，太陽系全体の質量の約　A　％を占めている。また，太陽の密度は $1.4\,\mathrm{g/cm^3}$，地球の密度は $5.5\,\mathrm{g/cm^3}$ であり，太陽の直径は地球の直径の約109倍であるから，太陽の質量は地球の質量の約　B　倍である。

	A	B
①	49.9	33万
②	49.9	100万
③	99.8	100万
④	99.8	33万

問4　地球をはじめとする太陽系の惑星について述べた文として適切なものを，次の①～④のうちから一つ選べ。解答番号は　19　。

①　すべての惑星の内部は，岩石のみでできている。

②　すべての惑星の大気の主成分は，二酸化炭素，窒素，酸素である。

③　木星型惑星の衛星数と地球型惑星の衛星数は，ほぼ同じである。

④　木星型惑星の自転周期は，地球型惑星の自転周期より短い。

問5　太陽から放出されたエネルギーを太陽放射という。また，地表や大気が宇宙に放出するエネルギーを地球放射という。この太陽放射や地球放射の特徴やはたらきについて述べた文として適切でないものを，次の①～④のうちから一つ選べ。解答番号は　20　。

①　太陽は，可視光線，赤外線，紫外線などの電磁波を放射している。

②　地球放射は，地表や大気から赤外線として放出されるエネルギーである。

③　地球の大気圏の最上面に届くエネルギー量と地表近くに届くエネルギー量は同じである。

④　地表から放出された地球放射は，大気を温めることで温室効果をもたらす。

令和３年度　第１回

解答・解説

【重要度の表記】

Ａ：重要度が高く確実に正答したい設問。しっかり
　　復習する必要のある問題です。

Ｂ：重要度はＡレベルよりすこし下で、やや難易度
　　が高い設問または内容を読み取る設問。高得点
　　を狙う人は復習しましょう！

Ｃ：重要度が低い、または難解な設問。軽く復習す
　　る程度でよいでしょう！

令和3年度 第1回 高卒認定試験

【 解 答 】

1	解答番号	正答	配点	2	解答番号	正答	配点	3	解答番号	正答	配点	4	解答番号	正答	配点
問1	1	④	5	問1	1	②	5	問1	6	②	5	問1	6	④	5
問2	2	②	5	問2	2	④	5	問2	7	③	5	問2	7	③	5
問3	3	③	5	問3	3	④	5	問3	8	②	5	問3	8	②	5
問4	4	①	5	問4	4	①	5	問4	9	①	5	問4	9	①	5
問5	5	②	5	問5	5	③	5	問5	10	④	5	問5	10	②	5

5	解答番号	正答	配点	6	解答番号	正答	配点	7	解答番号	正答	配点	8	解答番号	正答	配点
問1	11	②	5	問1	11	③	5	問1	16	④	5	問1	16	①	5
問2	12	④	5	問2	12	③	5	問2	17	②	5	問2	17	②	5
問3	13	③	5	問3	13	③	5	問3	18	③	5	問3	18	④	5
問4	14	③	5	問4	14	④	5	問4	19	①	5	問4	19	③	5
問5	15	①	5	問5	15	①	5	問5	20	③	5	問5	20	③	5

【 解 説 】

1

問1 白色光にはさまざまな波長をもついろいろな光が含まれています。この光が異なる媒質を通過するとき境界面で屈折しますが，光の波長により屈折率が異なっているためいろいろな色の光が分散してスクリーンに映し出されます。これをスペクトルといいます。したがって，正解は④となります。

解答番号【1】：4 ⇒ **重要度A**

問2 波長の短い青色の光は屈折率が高く，当初の光の進行方向に対して大きく曲がります。一方，波長の長い赤色の光は青色の光に較べて屈折率が低いため曲がり方が小さくなります。図3において，大きく曲がった光はP，曲がり方の小さい光はQに到達しています。PからQへの色の順としては，青，黄，赤となります。したがって，正解は②になります。

解答番号【2】：2 ⇒ **重要度B**

問3 平面鏡で反射される光は入射角と反射角が等しくなります。入射角と反射角は，それぞれの光の進行方向と境界面（平面鏡）における垂線との角度で定義されます。図4よりPの入射角はQの入射角よりも小さくなっているため，それぞれの反射角はP＜Qと

なります（図4においてP，Qの位置に平面鏡に対する垂線を入れてみると，この垂線と光の進行方向のなす角が入射角，反射角となる）。このため平面鏡で反射された図1の帯状の光は天井に到達すると，PQの間隔よりも光の幅が広くなります。したがって，正解は③となります。

解答番号【3】：3 ⇒ 重要度B

問4　太陽光が大気中の分子などの粒子に衝突すると，あらゆる向きに進んでいきますが，これを光の散乱といいます。太陽光のなかに含まれる可視光線のうち青色の光は波長が短く散乱されやすいため，昼間は空が青く見えます。したがって，正解は①となります。

解答番号【4】：1 ⇒ 重要度B

問5　太陽から地球にやってくる電磁波には，可視光線のほかにも目で見ることができない赤外線や紫外線などがあります。赤外線と紫外線では，紫外線の方の波長が短くなります。したがって，正解は②となります。

解答番号【5】：2 ⇒ 重要度A

2

問1　熱は放射・伝導・対流という3つの伝わり方があります。放射は熱が電磁波の状態で離れたところに伝わる現象です。伝導はモノとモノが接触したときに，接触面から熱が伝わる現象です。また，対流は熱をもつ液体や気体が動くことで熱が伝わる現象です。したがって，正解は②となります。

解答番号【1】：2 ⇒ 重要度A

問2　熱の伝わりやすさを表した値を熱伝導率といい，この値が大きいほど熱の伝わりが良いということになります。熱伝導率は物質の状態によっても異なり，気体＜液体＜固体の順で大きくなります。空気のような気体は熱伝導率が低く熱を伝えにくい性質をもちますが，断熱材はこの空気を内部で保持することによって断熱性能を発揮します。しかし，内部の密度が低いと，保持した空気が対流によって移動してしまい，断熱性能が低下します。繊維系の断熱材では内部に高密度の繊維を用いることで，繊維のすき間に空気を保持し，断熱性能を確保しています。したがって，④が正解となります。

解答番号【2】：4 ⇒ 重要度B

問3　物体から物体へ熱が移動して温度変化が生じる場合，物体の温度が下がったときに失われた熱量と物体の温度が上昇したときに得られた熱量は等しくなります（熱量保存の法則）。また，比熱とは物質1gの温度を1度上昇させるのに必要な熱量のことです。実験Ⅰでは板Aは4度ほど温度が下がり，板Bでは2度ほど温度が上昇しています。しかし，このとき板Aが失った熱量と板Bが得た熱量は等しくなるので，2つの板の比熱の大きさは板A＜板Bとなります。同様に実験Ⅱでは板Aが2度ほど下がっているのに対して，板Cは4度ほど上昇しているので，比熱の大きさは板A＞板Cとなります。つまり比熱の大きさは板B＞板A＞板Cの順になります。銀の比熱は0.2，銅の比熱は0.4，ガラスの比熱は0.8となっているので，板Aが銅，板Bがガラス，板Cが銀となります。どの板

も同じ質量になるので，実験Ⅰで板Bが得た熱量は $0.8 \times 2 = 1.6$ となります。一方，実験Ⅱで板Cが得た熱量は $0.2 \times 4 = 0.8$ となり，板Bの方が板Cよりも大きな熱量を得ていることがわかります。したがって，正解は④となります。

解答番号【3】：4 ⇒ 重要度B

問4　問3の説明より，比熱の大きさは板B＞板A＞板Cとなります。銀の比熱は 0.2，銅の比熱は 0.4，ガラスの比熱は 0.8 となっているので，板Aが銅，板Bがガラス，板Cが銀となります。したがって，正解は①となります。

解答番号【4】：1 ⇒ 重要度B

問5　物体の温度を1度上げるのに必要な熱量のことを熱容量といい，物体の質量×温度変化×比熱で表されます。実験Ⅰでは熱平衡における温度が T_1 となっていますが，これを低くすれば板Bの温度変化がその分小さくなり，板Aの方は温度変化が大きくなります。比熱の大きさは変わらないので，板Aが失った熱量と板Bが得た熱量を等しくするためには板Bの質量をより大きくする必要があります。したがって，正解は③となります。

解答番号【5】：3 ⇒ 重要度B

3

問1　金属には展性と延性という性質があり，自由電子によって結晶構造を保ちながら，自在に形を変えることがきます。金属結合では電子は自由電子となり，原子核の間を自由に動いています。強い力により原子の位置関係が変わっても，ずれた形で原子間のクーロン力により強い結合が維持されます。展性は圧縮する力によって金属を薄く平面的に広げられる性質です。また，延性は引っ張る力により金属を変形させる性質で，のばしたり曲げたりすることができます。したがって，正解は②となります。

解答番号【6】：2 ⇒ 重要度A

問2　酸化鉄である鉄鉱石をコークスや石灰石とともに溶鉱炉で燃焼させると，コークスから発生する一酸化炭素が酸化鉄を還元して銑鉄が得られます。銑鉄は転炉に送られ，炭素などの不純物を取り除く製鋼が行われます。したがって，正解は③となります。

解答番号【7】：3 ⇒ 重要度A

問3　アルミニウムの密度は 2.7g/cm^3 で，鉄や銅に比べて密度が小さい軽量の金属です。また，アルミニウムの再利用に必要なエネルギーは，ボーキサイトからアルミニウムを精製するのに必要なエネルギーの3％だけになります。したがって，正解は②となります。

解答番号【8】：2 ⇒ 重要度A

問4　金属の光沢があり，楽器や5円硬貨に用いられているのは黄銅です。黄銅は銅と亜鉛の合金になります。②はステンレス鋼と呼ばれる鉄の合金，③はジュラルミンと呼ばれるアルミニウム合金，④は白銅と呼ばれる銅の合金で100円硬貨などに利用されています。したがって，正解は①となります。

解答番号【9】：1　　⇒ 重要度B

問5　めっきとは，表面を他の金属でおおう防錆処理の一種です。鉄に亜鉛をめっきしたトタンや鉄にスズをめっきしたブリキなどが知られています。したがって，④が正解となります。

解答番号【10】：4　　⇒ 重要度A

4

問1　食物中に含まれる身体に必須の成分のうち，炭水化物，油脂（脂質），タンパク質が三大栄養素になります。ビタミンは三大栄養素ではありませんが，人体の機能を正常に保つために必要な有機化合物です。したがって，④が正解となります。

解答番号【6】：4　　⇒ 重要度A

問2　ア～ウに当てはまる栄養素は炭水化物です。炭水化物を多く含む食品としてはパンなどの穀類が挙げられます。①はタンパク質，②はミネラル，④は脂質を多く含む食品となります。したがって，③が正解となります。

解答番号【7】：3　　⇒ 重要度A

問3　油脂は，炭素，水素，酸素の3つの元素からなる化合物です。油脂はすい臓から分泌されるリパーゼにより，モノグリセリド1分子と脂肪酸2分子に分解され，体内に吸収されます。したがって，②が正解となります。

解答番号【8】：2　　⇒ 重要度B

問4　タンパク質を含む水溶液に水酸化ナトリウム水溶液を加えたのち，少量の硫酸銅（Ⅱ）水溶液を加えると，赤紫色に呈色します。この反応をビウレット反応といい，タンパク質がペプチド結合を多く含むほど強く呈色します。したがって，正解は①となります。

解答番号【9】：1　　⇒ 重要度A

問5　炭水化物は単糖を構成成分とする有機化合物であり，炭素，水素，酸素を含みますが，窒素は含まれません。タンパク質を構成するアミノ酸などには窒素が含まれます。したがって，正解は②となります。

解答番号【10】：2　　⇒ 重要度A

5

問1　光が当たると発芽する種子を光発芽種子といい，タバコやレタスの種子などが例として挙げられます。カボチャの種子は暗発芽種子と呼ばれ，光が当たると発芽が抑制され暗所で発芽します。したがって，正解は②となります。

解答番号【11】：2　　⇒ 重要度C

問２　光発芽のしくみは，発芽に必要な水，酸素，温度の条件がそろっていても，暗黒下では発芽せず，波長がおよそ 650 ～ 680nm の赤色光によって発芽が誘導されます。しかし，波長がおよそ 710 ～ 740nm の遠赤色光では逆に発芽が抑制されるため，これら２つの波長域の光がいずれもシグナルとして機能し，最後に照射された光によって発芽するかしないかが決まります。図において最後に赤色光が当たっているのはウとエになります。したがって，④が正解となります。

解答番号【12】：4　　⇒ 重要度C

問３　多くの生物は自然界において，およそ 24 時間周期の生活を営んでおり，昼と夜ではその行動パターンに変化が見られます。これは生物に体内時計と呼ばれるしくみが備わっていることによります。現代社会のように夜間に明るい照明の下で過ごす場合があると，体内時計を外界の 24 時間周期に同調させることが難しくなり，睡眠・覚醒リズムのような概日リズムに障害が起こります。したがって，正解は③となります。

解答番号【13】：3　　⇒ 重要度A

問４　ヒトは太陽光に含まれる紫外線を浴びることで，体内でビタミンＤを生成します。したがって，正解は③となります。

解答番号【14】：3　　⇒ 重要度B

問５　光の入射方向によって，植物などの成長方向が変化する性質のことを光屈性といいます。植物の成長を促す植物ホルモンは，植物の地上部においては光の陰になる部分に移動する性質があります。これによって日陰側の成長が促進され光の当たる方向に曲がることになります。光の方向に向かう性質を正の光屈性と言います。光周性とは光の当たらない時間の長さにより，植物の開花時期が調節される性質です。したがって，①が正解となります。

解答番号【15】：1　　⇒ 重要度A

6

問１　パスツールの実験は，微生物が自然発生しないことをこの実験で説明しました。フラスコの首の部分を切断して数日後に肉汁が腐敗したことから，微生物はすべて外界から混入してきたものと主張しました。したがって，正解は③となります。

解答番号【11】：3　　⇒ 重要度B

問２　酵母はカビやキノコなどの菌類に分類される微生物です。丸い核のある真核細胞をもつ単細胞の微生物で，糖を分解してエタノールと二酸化炭素を生成するアルコール発酵を行います。したがって，③が正解となります。

解答番号【12】：3　　⇒ 重要度A

問３　アルコール発酵は，グルコースなどの糖を分解し，エタノールを生成する反応です。

エタノールの生成過程で二酸化炭素が発生しますが，酸素を必要としない嫌気的な反応になります。したがって，③が正解となります。

解答番号【13】：3 ⇒ 重要度 A

問4 アルコール発酵を利用してつくられる食品には，パンやビールがあります。納豆は大豆を納豆菌によって発酵させた食品です。しょうゆも穀物の発酵によりつくられますが，納豆と同様にアルコール発酵ではありません。また，ヨーグルトは乳酸菌による乳酸発酵によりつくられます。したがって，④が正解となります。

解答番号【14】：4 ⇒ 重要度 A

問5 ペニシリンやストレプトマイシンなどは抗生物質と呼ばれ，微生物の発育を阻害する効果があります。この抗生物質は微生物によってつくられ，他の微生物の成長を抑えるはたらきがあります。したがって，正解は①となります。

解答番号【15】：1 ⇒ 重要度 B

7

問1 日本の地震の震度階級は，現在，0から7までの10段階になります。震度5と震度6はいずれも強弱が付いて2段階に分けられています。したがって，正解は④となります。

解答番号【16】：4 ⇒ 重要度 A

問2 写真1のような地層面のズレを活断層といいます。中央海嶺は海洋プレートがつくられ海洋底の拡大をもたらす大規模な海底山脈のことです。ホットスポットはマントル内の上昇流がプレートを突き抜けて地表に現れた火山活動地帯です。トラフとは海溝より浅くて幅の広い，比較的緩やかな斜面をもつ海底の凹地のことです。したがって，②が正解となります。

解答番号【17】：2 ⇒ 重要度 A

問3 日本列島付近では，海洋プレートが大陸プレートの下に沈み込んでおり，そこが海溝となっています。海溝沿いで起こる地震はプレート境界型地震と呼ばれ，大きな規模の地震では津波が発生することがあります。また，大陸プレートの内部で起こる地震は，内陸地殻内地震と呼ばれ，震源が浅い場合，震央の震度が大きくなるため被害をもたらすこともあります。したがって，正解は③となります。

解答番号【18】：3 ⇒ 重要度 A

問4 津波は，地震によって起こる海底の急激な隆起や沈降がもたらすエネルギーが海水に伝わって大きな水圧を発生させます。津波は深い海ほど速く進み，浅いところでは速度が遅くなります。また，沖では波高が低く，湾に近づくほど波高が高くなる特徴があります。したがって，正解は①となります。

解答番号【19】：1 ⇒ 重要度 B

問5　液状化は川や海の近くの土地で，地震動により砂の粒子の結合がゆるみ，砂が流動することで起こります。流動化により建物が沈み込んだり，砂が地下水とともに吹き出したりすることがありますが，土砂が高速で流れるようなことはありません。したがって，正解は③となります。

解答番号【20】：3　　⇒ **重要度B**

8

問1　昼間に太陽を天体観測用の望遠鏡で観察するときに用いられるのが投影板です。投影板は望遠鏡の接眼レンズと一定の距離をおいて取り付けます。投影板に映る像のピントを合わせ，太陽の像とスケッチ用紙の円が一致するように投影板を動かし，接眼レンズとの距離を調節します。こうして観察を行い，太陽の様子を記録し，観察した日時や使用した望遠鏡なども記録します。しかし，太陽を直接望遠鏡でのぞくと失明の危険があるので，決して直接見ないようファインダーにはあらかじめフタを付けておきます。したがって，正解は①となります。

解答番号【16】：1　　⇒ **重要度C**

問2　太陽の表面に見られる黒い部分は，黒点と呼ばれ周囲よりも温度が低くなっています。黒点の位置は太陽の自転にともなって，東から西へ移動します。したがって，②が正解となります。

解答番号【17】：2　　⇒ **重要度A**

問3　太陽は，太陽系全体の質量の約99.8％を占めています。太陽と地球の密度を比べると地球の方が大きく約3.9倍になります（5.5÷1.4）。直径は太陽が地球の約109倍になるので，太陽の質量は地球の約33万倍になります（$109^3÷3.9$）。したがって，正解は④となります。

解答番号【18】：4　　⇒ **重要度B**

問4　惑星には地球型惑星と木星型惑星の2つのタイプがあり，木星型惑星は主成分がガスで構成されているので①は不適切となります。また，惑星の大気の主成分は惑星によって異なっています。たとえば，地球の大気には二酸化炭素，窒素，酸素などが含まれますが，金星の大気はほとんどが二酸化炭素です。つまり，②も不適切となります。また，木星型惑星は地球型惑星に比べて衛星の数が多いので，③も不適切です。したがって，正解は④となります。

解答番号【19】：4　　⇒ **重要度A**

問5　太陽放射から地球が受け取るエネルギーについて考えると，地球に届いた太陽放射はまず22％ほどが大気や雲などによって反射されます。さらに大気や雲によって20％程度が吸収されるので，地表近くに届くエネルギー量は大気圏の最上面に届くエネルギー量に比べて少なくなります。したがって，正解は③となります。

解答番号【20】：3　　⇒ **重要度A**

第　回　高等学校卒業程度認定試験

科学と人間生活　解答用紙

氏名

※選択問題を選び、問題番号を記入及びマークすること。

【選択問題1】

問題番号	
1	○
2	○

【選択問題2】

問題番号	
3	○
4	○

【選択問題3】

問題番号	
5	○
6	○

【選択問題4】

問題番号	
7	○
8	○

生年月日 ⇒

年号											
明治 Ⓜ 大正 Ⓣ 昭和 Ⓢ 平成 Ⓗ	⓪	①	②	③	④	⑤	⑥	⑦	⑧	⑨
	⓪	①	②	③						
	⓪	①	②	③	④	⑤	⑥	⑦	⑧	⑨
	⓪	①								
	⓪	①	②	③	④	⑤	⑥	⑦	⑧	⑨
	⓪	①	②	③	④	⑤	⑥			

受験番号 ⇒

⓪	①	②	③	④	⑤	⑥	⑦	⑧	⑨
⓪	①	②	③	④	⑤	⑥	⑦	⑧	⑨
⓪	①	②	③	④	⑤	⑥	⑦	⑧	⑨
⓪	①	②	③	④	⑤	⑥	⑦	⑧	⑨
	①	②							

解答欄

解答番号	解答欄 1234567890
1	①②③④⑤⑥⑦⑧⑨⓪
2	①②③④⑤⑥⑦⑧⑨⓪
3	①②③④⑤⑥⑦⑧⑨⓪
4	①②③④⑤⑥⑦⑧⑨⓪
5	①②③④⑤⑥⑦⑧⑨⓪
6	①②③④⑤⑥⑦⑧⑨⓪
7	①②③④⑤⑥⑦⑧⑨⓪
8	①②③④⑤⑥⑦⑧⑨⓪
9	①②③④⑤⑥⑦⑧⑨⓪
10	①②③④⑤⑥⑦⑧⑨⓪
11	①②③④⑤⑥⑦⑧⑨⓪
12	①②③④⑤⑥⑦⑧⑨⓪
13	①②③④⑤⑥⑦⑧⑨⓪
14	①②③④⑤⑥⑦⑧⑨⓪
15	①②③④⑤⑥⑦⑧⑨⓪

解答番号	解答欄 1234567890
16	①②③④⑤⑥⑦⑧⑨⓪
17	①②③④⑤⑥⑦⑧⑨⓪
18	①②③④⑤⑥⑦⑧⑨⓪
19	①②③④⑤⑥⑦⑧⑨⓪
20	①②③④⑤⑥⑦⑧⑨⓪
21	①②③④⑤⑥⑦⑧⑨⓪
22	①②③④⑤⑥⑦⑧⑨⓪
23	①②③④⑤⑥⑦⑧⑨⓪
24	①②③④⑤⑥⑦⑧⑨⓪
25	①②③④⑤⑥⑦⑧⑨⓪
26	①②③④⑤⑥⑦⑧⑨⓪
27	①②③④⑤⑥⑦⑧⑨⓪
28	①②③④⑤⑥⑦⑧⑨⓪
29	①②③④⑤⑥⑦⑧⑨⓪
30	①②③④⑤⑥⑦⑧⑨⓪

受験地

北海道 ○　青森 ○　岩手 ○　宮城 ○　秋田 ○　山形 ○　福島 ○　茨城 ○　栃木 ○　群馬 ○　埼玉 ○　千葉 ○　東京 ○　神奈川 ○　新潟 ○　富山 ○　石川 ○　福井 ○　山梨 ○　長野 ○　岐阜 ○　静岡 ○　愛知 ○　三重 ○　滋賀 ○　京都 ○　大阪 ○　兵庫 ○　奈良 ○　和歌山 ○　鳥取 ○　島根 ○　岡山 ○　広島 ○　山口 ○　徳島 ○　香川 ○　愛媛 ○　高知 ○　福岡 ○　佐賀 ○　長崎 ○　熊本 ○　大分 ○　宮崎 ○　鹿児島 ○　沖縄 ○

第　回　高等学校卒業程度認定試験

科学と人間生活　解答用紙

氏名

（注意事項）

1. 記入はすべてHまたはHBの黒色鉛筆を使用してください。
2. 訂正するときは、プラスチックの消しゴムで丁寧に消し、消しくずを残さないでください。
3. 所定の記入欄以外には何も記入しないでください。
4. 解答用紙を汚したり、折り曲げたりしないでください。
5. マーク例

良い例	悪い例
●	◐ ◍ ◉ ◌ ⊖ ⊘

受験番号 ⇒

①	①	①	①
②			
⓪①②③④⑤⑥⑦⑧⑨	⓪①②③④⑤⑥⑦⑧⑨	⓪①②③④⑤⑥⑦⑧⑨	⓪①②③④⑤⑥⑦⑧⑨

生年月日 ⇒

年号：明治(M) 大正(T) 昭和(S) 平成(H)

年	月		日	
①②③④⑤⑥⑦⑧⑨	⓪①	⓪①②③④⑤⑥⑦⑧⑨	⓪①②③	⓪①②③④⑤⑥⑦⑧⑨

※選択問題を選び、問題番号を記入及びマークすること。

【選択問題1】

問題番号	
1	○
2	○

【選択問題2】

問題番号	
3	○
4	○

【選択問題3】

問題番号	
5	○
6	○

【選択問題4】

問題番号	
7	○
8	○

解答番号	解答欄 1 2 3 4 5 6 7 8 9 0
1	①②③④⑤⑥⑦⑧⑨⑩
2	①②③④⑤⑥⑦⑧⑨⑩
3	①②③④⑤⑥⑦⑧⑨⑩
4	①②③④⑤⑥⑦⑧⑨⑩
5	①②③④⑤⑥⑦⑧⑨⑩
6	①②③④⑤⑥⑦⑧⑨⑩
7	①②③④⑤⑥⑦⑧⑨⑩
8	①②③④⑤⑥⑦⑧⑨⑩
9	①②③④⑤⑥⑦⑧⑨⑩
10	①②③④⑤⑥⑦⑧⑨⑩
11	①②③④⑤⑥⑦⑧⑨⑩
12	①②③④⑤⑥⑦⑧⑨⑩
13	①②③④⑤⑥⑦⑧⑨⑩
14	①②③④⑤⑥⑦⑧⑨⑩
15	①②③④⑤⑥⑦⑧⑨⑩

解答番号	解答欄 1 2 3 4 5 6 7 8 9 0
16	①②③④⑤⑥⑦⑧⑨⑩
17	①②③④⑤⑥⑦⑧⑨⑩
18	①②③④⑤⑥⑦⑧⑨⑩
19	①②③④⑤⑥⑦⑧⑨⑩
20	①②③④⑤⑥⑦⑧⑨⑩
21	①②③④⑤⑥⑦⑧⑨⑩
22	①②③④⑤⑥⑦⑧⑨⑩
23	①②③④⑤⑥⑦⑧⑨⑩
24	①②③④⑤⑥⑦⑧⑨⑩
25	①②③④⑤⑥⑦⑧⑨⑩
26	①②③④⑤⑥⑦⑧⑨⑩
27	①②③④⑤⑥⑦⑧⑨⑩
28	①②③④⑤⑥⑦⑧⑨⑩
29	①②③④⑤⑥⑦⑧⑨⑩
30	①②③④⑤⑥⑦⑧⑨⑩

受験地

北海道 ○	滋賀 ○		
青森 ○	京都 ○		
岩手 ○	大阪 ○		
宮城 ○	兵庫 ○		
秋田 ○	奈良 ○		
山形 ○	和歌山 ○		
福島 ○	鳥取 ○		
茨城 ○	島根 ○		
栃木 ○	岡山 ○		
群馬 ○	広島 ○		
埼玉 ○	山口 ○		
千葉 ○	徳島 ○		
東京 ○	香川 ○		
神奈川 ○	愛媛 ○		
新潟 ○	高知 ○		
富山 ○	福岡 ○		
石川 ○	佐賀 ○		
福井 ○	長崎 ○		
山梨 ○	熊本 ○		
長野 ○	大分 ○		
岐阜 ○	宮崎 ○		
静岡 ○	鹿児島 ○		
愛知 ○	沖縄 ○		
三重 ○			

第　回　高等学校卒業程度認定試験

科学と人間生活　解答用紙

氏　名

生年月日 ⇒

年号	
明治 Ⓜ	
大正 Ⓣ	
昭和 Ⓢ	
平成 Ⓗ	

受験番号 ⇒

※選択問題を選び、問題番号を記入及びマークすること。

【選択問題1】

問題番号	
1	◯
2	◯

【選択問題2】

問題番号	
3	◯
4	◯

【選択問題3】

問題番号	
5	◯
6	◯

【選択問題4】

問題番号	
7	◯
8	◯

受験地

北海道 ◯	滋賀 ◯
青森 ◯	京都 ◯
岩手 ◯	大阪 ◯
宮城 ◯	兵庫 ◯
秋田 ◯	奈良 ◯
山形 ◯	和歌山 ◯
福島 ◯	鳥取 ◯
茨城 ◯	島根 ◯
栃木 ◯	岡山 ◯
群馬 ◯	広島 ◯
埼玉 ◯	山口 ◯
千葉 ◯	徳島 ◯
東京 ◯	香川 ◯
神奈川 ◯	愛媛 ◯
新潟 ◯	高知 ◯
富山 ◯	福岡 ◯
石川 ◯	佐賀 ◯
福井 ◯	長崎 ◯
山梨 ◯	熊本 ◯
長野 ◯	大分 ◯
岐阜 ◯	宮崎 ◯
静岡 ◯	鹿児島 ◯
愛知 ◯	沖縄 ◯
三重 ◯	

解答番号	解答欄 1 2 3 4 5 6 7 8 9 0
1	①②③④⑤⑥⑦⑧⑨⑩
2	①②③④⑤⑥⑦⑧⑨⑩
3	①②③④⑤⑥⑦⑧⑨⑩
4	①②③④⑤⑥⑦⑧⑨⑩
5	①②③④⑤⑥⑦⑧⑨⑩
6	①②③④⑤⑥⑦⑧⑨⑩
7	①②③④⑤⑥⑦⑧⑨⑩
8	①②③④⑤⑥⑦⑧⑨⑩
9	①②③④⑤⑥⑦⑧⑨⑩
10	①②③④⑤⑥⑦⑧⑨⑩
11	①②③④⑤⑥⑦⑧⑨⑩
12	①②③④⑤⑥⑦⑧⑨⑩
13	①②③④⑤⑥⑦⑧⑨⑩
14	①②③④⑤⑥⑦⑧⑨⑩
15	①②③④⑤⑥⑦⑧⑨⑩

解答番号	解答欄 1 2 3 4 5 6 7 8 9 0
16	①②③④⑤⑥⑦⑧⑨⑩
17	①②③④⑤⑥⑦⑧⑨⑩
18	①②③④⑤⑥⑦⑧⑨⑩
19	①②③④⑤⑥⑦⑧⑨⑩
20	①②③④⑤⑥⑦⑧⑨⑩
21	①②③④⑤⑥⑦⑧⑨⑩
22	①②③④⑤⑥⑦⑧⑨⑩
23	①②③④⑤⑥⑦⑧⑨⑩
24	①②③④⑤⑥⑦⑧⑨⑩
25	①②③④⑤⑥⑦⑧⑨⑩
26	①②③④⑤⑥⑦⑧⑨⑩
27	①②③④⑤⑥⑦⑧⑨⑩
28	①②③④⑤⑥⑦⑧⑨⑩
29	①②③④⑤⑥⑦⑧⑨⑩
30	①②③④⑤⑥⑦⑧⑨⑩

第　回　高等学校卒業程度認定試験

科学と人間生活　解答用紙

氏　名

受験地

受験地		
北海道 ○	滋 賀 ○	
青 森 ○	京 都 ○	
岩 手 ○	大 阪 ○	
宮 城 ○	兵 庫 ○	
秋 田 ○	奈 良 ○	
山 形 ○	和歌山 ○	
福 島 ○	鳥 取 ○	
茨 城 ○	島 根 ○	
栃 木 ○	岡 山 ○	
群 馬 ○	広 島 ○	
埼 玉 ○	山 口 ○	
千 葉 ○	徳 島 ○	
東 京 ○	香 川 ○	
神奈川 ○	愛 媛 ○	
新 潟 ○	高 知 ○	
富 山 ○	福 岡 ○	
石 川 ○	佐 賀 ○	
福 井 ○	長 崎 ○	
山 梨 ○	熊 本 ○	
長 野 ○	大 分 ○	
岐 阜 ○	宮 崎 ○	
静 岡 ○	鹿児島 ○	
愛 知 ○	沖 縄 ○	
三 重 ○		

選択問題

※選択問題を選び、問題番号を記入及びマークすること。

【選択問題1】

問題番号	
1	○
2	○

【選択問題2】

問題番号	
3	○
4	○

【選択問題3】

問題番号	
5	○
6	○

【選択問題4】

問題番号	
7	○
8	○

解答欄

解答番号	解　答　欄 1234567890
1	①②③④⑤⑥⑦⑧⑨⑩
2	①②③④⑤⑥⑦⑧⑨⑩
3	①②③④⑤⑥⑦⑧⑨⑩
4	①②③④⑤⑥⑦⑧⑨⑩
5	①②③④⑤⑥⑦⑧⑨⑩
6	①②③④⑤⑥⑦⑧⑨⑩
7	①②③④⑤⑥⑦⑧⑨⑩
8	①②③④⑤⑥⑦⑧⑨⑩
9	①②③④⑤⑥⑦⑧⑨⑩
10	①②③④⑤⑥⑦⑧⑨⑩
11	①②③④⑤⑥⑦⑧⑨⑩
12	①②③④⑤⑥⑦⑧⑨⑩
13	①②③④⑤⑥⑦⑧⑨⑩
14	①②③④⑤⑥⑦⑧⑨⑩
15	①②③④⑤⑥⑦⑧⑨⑩

解答番号	解　答　欄 1234567890
16	①②③④⑤⑥⑦⑧⑨⑩
17	①②③④⑤⑥⑦⑧⑨⑩
18	①②③④⑤⑥⑦⑧⑨⑩
19	①②③④⑤⑥⑦⑧⑨⑩
20	①②③④⑤⑥⑦⑧⑨⑩
21	①②③④⑤⑥⑦⑧⑨⑩
22	①②③④⑤⑥⑦⑧⑨⑩
23	①②③④⑤⑥⑦⑧⑨⑩
24	①②③④⑤⑥⑦⑧⑨⑩
25	①②③④⑤⑥⑦⑧⑨⑩
26	①②③④⑤⑥⑦⑧⑨⑩
27	①②③④⑤⑥⑦⑧⑨⑩
28	①②③④⑤⑥⑦⑧⑨⑩
29	①②③④⑤⑥⑦⑧⑨⑩
30	①②③④⑤⑥⑦⑧⑨⑩

受験番号

受験番号 ⇒

①②⋮	⓪①②③④⑤⑥⑦⑧⑨	⓪①②③④⑤⑥⑦⑧⑨	⓪①②③④⑤⑥⑦⑧⑨

生年月日

生年月日 ⇒

年号　明治（M）大正（T）昭和（S）平成（H）

年号				
明治（M）大正（T）昭和（S）平成（H）	⓪①②③④⑤⑥⑦⑧⑨	⓪①②③④⑤⑥⑦⑧⑨	⓪①②③④⑤⑥⑦⑧⑨	⓪①②③④⑤⑥⑦⑧⑨

第　回　高等学校卒業程度認定試験

科学と人間生活　解答用紙

氏　名

(注意事項)
1. 記入はすべてHBまたはHBの黒色鉛筆を使用してください。
2. 訂正するときは、プラスチックの消しゴムで丁寧に消し、消しくずを残さないでください。
3. 所定の記入欄以外には何も記入しないでください。
4. 解答用紙を汚したり、折り曲げたりしないでください。
5. マーク例　良い例　●　悪い例　🌢 ◑ ◐ ◖ ● ✦

※選択問題を選び、問題番号を記入及びマークすること。

【選択問題 1 】

問題番号	
1	○
2	○

【選択問題 2 】

問題番号	
3	○
4	○

【選択問題 3 】

問題番号	
5	○
6	○

【選択問題 4 】

問題番号	
7	○
8	○

生年月日 ⇒

年号					
明治Ⓜ 大正Ⓣ 昭和Ⓢ 平成Ⓗ					

⓪①②③④⑤⑥⑦⑧⑨
⓪①②③④⑤⑥⑦⑧⑨
⓪①
⓪①②③④⑤⑥⑦⑧⑨
①②③④⑤⑥

受験番号 ⇒

⓪①②③④⑤⑥⑦⑧⑨
⓪①②③④⑤⑥⑦⑧⑨
⓪①②③④⑤⑥⑦⑧⑨
⓪①②③④⑤⑥⑦⑧⑨
①②

解答欄

解答番号	解答欄 1 2 3 4 5 6 7 8 9 0
1	①②③④⑤⑥⑦⑧⑨⓪
2	①②③④⑤⑥⑦⑧⑨⓪
3	①②③④⑤⑥⑦⑧⑨⓪
4	①②③④⑤⑥⑦⑧⑨⓪
5	①②③④⑤⑥⑦⑧⑨⓪
6	①②③④⑤⑥⑦⑧⑨⓪
7	①②③④⑤⑥⑦⑧⑨⓪
8	①②③④⑤⑥⑦⑧⑨⓪
9	①②③④⑤⑥⑦⑧⑨⓪
10	①②③④⑤⑥⑦⑧⑨⓪
11	①②③④⑤⑥⑦⑧⑨⓪
12	①②③④⑤⑥⑦⑧⑨⓪
13	①②③④⑤⑥⑦⑧⑨⓪
14	①②③④⑤⑥⑦⑧⑨⓪
15	①②③④⑤⑥⑦⑧⑨⓪

解答番号	解答欄 1 2 3 4 5 6 7 8 9 0
16	①②③④⑤⑥⑦⑧⑨⓪
17	①②③④⑤⑥⑦⑧⑨⓪
18	①②③④⑤⑥⑦⑧⑨⓪
19	①②③④⑤⑥⑦⑧⑨⓪
20	①②③④⑤⑥⑦⑧⑨⓪
21	①②③④⑤⑥⑦⑧⑨⓪
22	①②③④⑤⑥⑦⑧⑨⓪
23	①②③④⑤⑥⑦⑧⑨⓪
24	①②③④⑤⑥⑦⑧⑨⓪
25	①②③④⑤⑥⑦⑧⑨⓪
26	①②③④⑤⑥⑦⑧⑨⓪
27	①②③④⑤⑥⑦⑧⑨⓪
28	①②③④⑤⑥⑦⑧⑨⓪
29	①②③④⑤⑥⑦⑧⑨⓪
30	①②③④⑤⑥⑦⑧⑨⓪

受験地

北海道○　青森○　岩手○　宮城○　秋田○　山形○　福島○　茨城○　栃木○　群馬○　埼玉○　千葉○　東京○　神奈川○　新潟○　富山○　石川○　福井○　山梨○　長野○　岐阜○　静岡○　愛知○　三重○

滋賀○　京都○　大阪○　兵庫○　奈良○　和歌山○　鳥取○　島根○　岡山○　広島○　山口○　徳島○　香川○　愛媛○　高知○　福岡○　佐賀○　長崎○　熊本○　大分○　宮崎○　鹿児島○　沖縄○

第　　回　高等学校卒業程度認定試験

科学と人間生活　解答用紙

氏　名

受験番号　⇒

① ②	⓪①②③④⑤⑥⑦⑧⑨	⓪①②③④⑤⑥⑦⑧⑨	⓪①②③④⑤⑥⑦⑧⑨	⓪①②③④⑤⑥⑦⑧⑨

生年月日　⇒

年号	明治（M） 大正（T） 昭和（S） 平成（H）	⓪①②③④⑤⑥⑦⑧⑨	⓪①②③④⑤⑥⑦⑧⑨	⓪①②③④⑤⑥⑦⑧⑨	⓪①②③④⑤⑥⑦⑧⑨

受験地			
北海道 ○	滋賀 ○		
青森 ○	京都 ○		
岩手 ○	大阪 ○		
宮城 ○	兵庫 ○		
秋田 ○	奈良 ○		
山形 ○	和歌山 ○		
福島 ○	鳥取 ○		
茨城 ○	島根 ○		
栃木 ○	岡山 ○		
群馬 ○	広島 ○		
埼玉 ○	山口 ○		
千葉 ○	徳島 ○		
東京 ○	香川 ○		
神奈川 ○	愛媛 ○		
新潟 ○	高知 ○		
富山 ○	福岡 ○		
石川 ○	佐賀 ○		
福井 ○	長崎 ○		
山梨 ○	熊本 ○		
長野 ○	大分 ○		
岐阜 ○	宮崎 ○		
静岡 ○	鹿児島 ○		
愛知 ○	沖縄 ○		
三重 ○			

※選択問題を選び、問題番号を記入及びマークすること。

【選択問題1】

問題番号	○
1	○
2	○

【選択問題2】

問題番号	○
3	○
4	○

【選択問題3】

問題番号	○
5	○
6	○

【選択問題4】

問題番号	○
7	○
8	○

解答番号	解答欄 1 2 3 4 5 6 7 8 9 0
1	①②③④⑤⑥⑦⑧⑨⓪
2	①②③④⑤⑥⑦⑧⑨⓪
3	①②③④⑤⑥⑦⑧⑨⓪
4	①②③④⑤⑥⑦⑧⑨⓪
5	①②③④⑤⑥⑦⑧⑨⓪
6	①②③④⑤⑥⑦⑧⑨⓪
7	①②③④⑤⑥⑦⑧⑨⓪
8	①②③④⑤⑥⑦⑧⑨⓪
9	①②③④⑤⑥⑦⑧⑨⓪
10	①②③④⑤⑥⑦⑧⑨⓪
11	①②③④⑤⑥⑦⑧⑨⓪
12	①②③④⑤⑥⑦⑧⑨⓪
13	①②③④⑤⑥⑦⑧⑨⓪
14	①②③④⑤⑥⑦⑧⑨⓪
15	①②③④⑤⑥⑦⑧⑨⓪

解答番号	解答欄 1 2 3 4 5 6 7 8 9 0
16	①②③④⑤⑥⑦⑧⑨⓪
17	①②③④⑤⑥⑦⑧⑨⓪
18	①②③④⑤⑥⑦⑧⑨⓪
19	①②③④⑤⑥⑦⑧⑨⓪
20	①②③④⑤⑥⑦⑧⑨⓪
21	①②③④⑤⑥⑦⑧⑨⓪
22	①②③④⑤⑥⑦⑧⑨⓪
23	①②③④⑤⑥⑦⑧⑨⓪
24	①②③④⑤⑥⑦⑧⑨⓪
25	①②③④⑤⑥⑦⑧⑨⓪
26	①②③④⑤⑥⑦⑧⑨⓪
27	①②③④⑤⑥⑦⑧⑨⓪
28	①②③④⑤⑥⑦⑧⑨⓪
29	①②③④⑤⑥⑦⑧⑨⓪
30	①②③④⑤⑥⑦⑧⑨⓪

2024　高卒認定スーパー実戦過去問題集
科学と人間生活

2024年 3月5日　初版 第1刷発行

編集：J-出版編集部
制作：J-Web School
発行：J-出版
〒112-0002 東京都文京区小石川2-3-4 第一川田ビル TEL 03-5800-0552
J-出版.Net　http://www.j-publish.net/

ISBN978-4-909326-99-7 C7300 Printed in Japan